JN066319

U-CANの保育スマイルBOOKS

場面別で
よくわかる！

ユーキャンの保育

連絡帳の書き方&文例

　「日頃の保育だけでも忙しいのに、連絡帳まで！」と大変に思う保育者もいるかもしれません。ですが、限られた時間の中で、会話では保護者に伝えきれないことも、連絡帳ならじっくり言葉を選んで伝えられます。

　連絡帳で保護者の思いを受けとめ、子どもの姿を誠実に、肯定的に伝えましょう。保護者の悩みに寄り添い「あなたの味方です！」と示しましょう。きっと信頼関係が育まれて、より柔軟な保育が実現できるでしょう。

　連絡帳に書かれた、子どもの成長やほほえましい様子、保護者を励ます言葉。これらは保護者が読み返すたびに当時のことが思い出されて、幸せな効果を発揮するはずです。

横山洋子

　「うちの子は今、何をしているかしら」「ミルクをちゃんと飲んでいるかしら」…。子どもと離れている間、あれこれ思いを巡らせている保護者にとって、送迎時の保育者との会話は、とても貴重な情報です。

　ですが、それだけでは日常保育での細かいエピソードは伝えきれません。連絡帳は、子どもの気持ちを読み解きながら保護者へ伝え、保護者からの相談を受ける手段として欠かせないツールです。

　本書には、保育所・幼稚園・こども園でたくさんの保育者とともに試行錯誤してきたことをまとめました。保育者の皆さんが「ぽっかぽかの笑顔」で保育されることを心から願っております。

原麻美子

もくじ

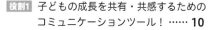

文例 •••

第1章 園や家庭生活についての文例

園生活 生活習慣としつけ

園生活 友だちとのトラブル

園生活 健康と安全

家庭生活 子育ての悩み

文例

第2章 園での子どもの様子の伝え方

1日の生活

行事

巻末資料 保育に役立つポイント集

本書は『U-CANの悩まず書ける！連絡帳の文例集』を改訂増補したものです。

本書の使い方 · · · · · · · · · · · · · ·

文例・第1章　P19〜

園や家庭生活についての文例

左ページに保護者からよく書かれる連絡帳の相談内容を、右ページに保育者からの返答例を掲載しています。文例のポイントを確認しながら読むことで理解が深まります。

● 年齢
例のような書き込みがよく見られる、子どもの年齢を表示しています。

● 保護者より
現役の保育者の方々に取材し、実際によくある保護者の書き込みを再現しました。

● 保育者より
保護者の相談に対して、保育者がどのように返信すればよいか、お手本となる文例を掲載しています。

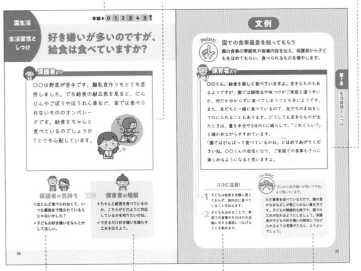

● 保護者の気持ち
このような文章を書いた保護者の心情を示しています。

● 保育者の理解
保護者の相談内容から読み取れること、理解できることを示しています。

● ココに注目!
保育者の文例の中で、とくに重要なポイントに色を入れて、解説しています。

● コレはNG
ありがちなNG文例を紹介し、何が問題かを解説しています。

文例・第2章 P141〜

園での子どもの様子の伝え方

左ページにうまく伝えるコツを、右ページに保育者からの文例を掲載しています。年齢ごとに伝えたいポイントを確認できます。

● **年齢**

どの年齢の子どもへ連絡帳を書く際の参考になるかを表示しています。

● **年齢別 様子が伝わる文例**

各年齢で保育中の様子を伝える、具体的な文例を掲載しています。文章の流れや、どのように書けば保護者に伝わりやすいかなど、参考にしましょう。

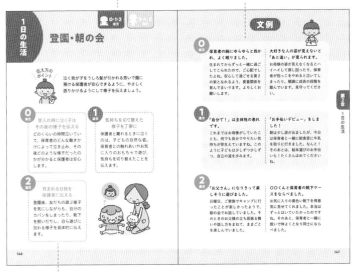

● **年齢別 伝え方のポイント**

0〜5歳児、それぞれの年齢でどのような様子を伝えるとよいか、どのような成長の段階にあるかなどを解説しています。もちろん、子どもの発育には個人差があるため、ほかの年齢に多い傾向がある場合もあります。

連絡帳の役割

日々保護者とやり取りをする連絡帳には、
どのような役割があるのでしょうか?
その役割を、4つに分けて解説します。

役割1

子どもの成長を共有・共感するための
コミュニケーションツール!

保育者と保護者の信頼関係を構築!

　子どもが健やかに成長するためには、保育者と保護者の連携が欠かせません。子どもの成長を共有・共感し、信頼関係を築いていくためのツールの1つが、連絡帳です。園での子どもの様子と、家庭での子どもの様子を伝え合い、ときには成長を喜び合うことで、保護者と心を通わせていきます。

　書き方のポイントをおさえ、上手にコミュニケーションをとっていきましょう。

　子どもの成長は、保護者にとって大きな喜びです。「友だちと遊ぼうとしません」「水を怖がって、プールに入れませんでした」などの否定的な記述は、保護者を不安にさせるだけです。「プールに入る友だちを見ながら、近くで水鉄砲で遊びました。少しずつ水に親しんでいます」というように、子どもの姿を肯定的にとらえ、成長の過程として伝えましょう。具体的なエピソードを記録することで、「子どもの様子をよく見てくれている」と保護者に伝わります。子どもの成長をともに喜び合うことで、保護者との距離も縮まっていきますよ。

Point

☑ 保護者の気持ちを受けとめる

保護者は、知ってほしい、分かってほしい、何とかしてほしいという思いを連絡帳に書いてきます。受け入れられるかどうかは別として、「あなたは今、そのような気持ちなのですね」と、まずは受けとめましょう。「受けとめられた」と感じるだけで、保護者の心はかなり楽になります。

☑ 子どもの成長を喜ぶ権利は、保護者を優先

はじめて寝返りした、立った、歩いた、など、目に見える子どもの大きな成長は、保護者が心待ちにしている瞬間の1つ。「園ではじめて〇〇できましたよ」と伝えるのではなく、保護者が育児の喜びを味わえるよう、兆候が見えた時点でお知らせするようにしましょう。

子どもの生活を
24時間の連続的な視野でとらえる

スムーズに園生活を送るための手助けに

　園での様子と家庭での様子を伝え合うことで、お互いに子どもへの理解が深まり、より生活をスムーズに送れるようになります。保育者はその子の家庭環境を把握し、園での生活に活かしていきましょう。園での子どもの様子を共有することは、家庭でのよりよい子育てにもつながります。

　乳児クラスの場合は、食事量や睡眠時間、排泄の回数など、健康状態を共有することが大切です。成長への影響も大きいので、変わった様子があればお互いに伝え合い、子どもが適切な環境で育つよう配慮しましょう。

事実を具体的に伝える

「今日も元気に遊んでいました」「友だちと仲よく活動しています」などと書かれても、保護者にはイメージがわかず、不満が残ります。子どもの姿を伝えるときは、その子どもの動きや表情まで見えるように、具体的に描写するようにしましょう。困った姿を伝える際にも、「いじわるをします」などの漠然とした表現は避け、何をどうしたのか、事実をありのままに伝えたほうが誤解が生まれず、解決にもつながりやすくなります。

園と家庭、それぞれの生活を具体的に把握し、連続的にとらえることで、子どものよりよい育ちにつなげていきましょう。

Point

☑ 子どもの安心と成長を第一に考える

保護者の要望の中には、大人の都合によるものが含まれている場合もあります。気持ちは受けとめても、その要望にこたえるかどうかは判断が必要です。まず「それは子どもにとってよいことなのか」を考え、子どもの成長にマイナスと思われることは、理由を示して上手に断り、別の方法を提案しましょう。

☑ 連絡事項の確認を

さまざまな家庭事情により、保護者と顔を合わせられなかったり、園からの伝達事項がうまく伝わっていなかったりすることもあります。提出してほしい書類、持ちもののお願いなど、連絡帳をうまく活用し、子どもが安心して生活できるようサポートします。

家庭と仕事の両立支援が
保護者の「人としての成長」につながる

子育て支援も保育者の役割

　保育園における保育指針にもあるように、「保護者に対する支援」は、保育士の役割の１つです。また、幼稚園の教育要領においても、園は子育て支援に努めることが求められています。子育ては楽しいことばかりではなく、不安も多いもの。さらに、悩みごとは、口頭ではなかなか言い出せないものです。そんなとき、連絡帳は保護者の育児の悩みを解消し、子育てを支援するための重要なツールとなります。

　とくに、はじめての子育てでは分からないことも多く、保育者にとっては知っていて当然のような質問もあるかもしれません。保育のプロとして温かく受けとめ、適切なアドバイスをし、育児と仕事の両立を支援していきましょう。

　核家族化が進み、共働き家庭も多い現代は、子育てが孤立しやすくなっています。忙しい日々の中で、育児の悩みを相談したり、頼ったりする相手が少なく、保護者の負担は大きいのです。

　そのような中で、連絡帳は子育ての悩みを身近な第三者に相談できる貴重な場でもあります。保護者の気持ちや不安を受けとめ、子育ての伴走者として、一緒に子どもの成長を温かく見守りましょう。家庭と仕事の両立支援が、保護者の「人としての成長」にもつながり、子どもにとっても、よりよい育ちにつながるはずです。

Point

☑ 書いていただいたことに感謝する

どのような内容であれ、時間を割いてこちらに情報を伝えようと努力してくださったことに対して、感謝の心をもちましょう。悩みを打ち明けるのも、意見をぶつけるのも、勇気が必要なことです。保護者自らボールをこちらに投げてくださったわけですから、ありがたい気持ちで読みましょう。

☑ 保護者の思いを引き出すような言葉かけを

「連絡帳に何を書いたらよいのか分からない」という保護者もいます。また、自分から子育てについて話しにくい保護者も多いでしょう。保育者から積極的に「こんなことがあってうれしかった」などの思いを書くようにし、保護者の思いを引き出す工夫をします。

子どもの成長の記録として
専門的なことも記述

排泄

人間関係

食事

言葉

その子なりの成長を書く

　乳幼児期は、発達に大きく個人差があります。保護者はついほかの子どもと比べてしまいがちですが、保育者として、1人1人の成長をとらえ、保護者が安心できるような言葉をかけていきましょう。

　乳児クラスでは、健康状態の確認や生活習慣を中心に記述します。1歳児、2歳児と成長するにつれて、運動機能や言葉の発達、興味・関心の対象など、記録の幅を広げていきます。

　幼児クラスでは、友だちとの関わりが増えます。人間関係や努力していることなど、具体的なエピソードとともに伝えましょう。

成長の次のステップを知らせる

　園での取り組みや指導計画は、なかなか保護者に伝える機会があありません。子どもの発達段階をとらえ、お知らせするとともに、「園ではこのような取り組みをしています」と成長のステップを伝えると、保護者にとって新たな気づきになるかもしれません。専門的な記述は、保護者からの信頼にもつながります。

　保護者からの悩み相談については、保育者として具体的な子どもの発達について伝え、適切なアドバイスをおこないます。子どもの気になる姿は、文面で伝えるだけでは保護者が不安を感じることも。対面でも話すなど、別の方法も考えましょう。

Point

☑ ほかの子と比べない

「△△ちゃんは～しましたが、〇〇ちゃんは～でした」「みんなは喜んでやっていましたが、〇〇ちゃんは～」というように、まわりの子と比較して書かれると、保護者はつらいものです。その子どもにはその子どもなりの思いや成長があるのですから、そこに注目して伝えましょう。

☑ 成長後も大切な記録になる

子どもの発達や成長記録、エピソードなど、連絡帳には子育ての思い出や、大切な記録がたくさん記されています。成長後もずっと残るものですから、保育者は丁寧に心をこめて書くよう心がけましょう。

連絡帳を書くときのマナー

1 丁寧に書く

あまり上手ではなくても、丁寧に書いた文字は、相手に誠意が伝わります。ゆっくりと、丁寧に書きましょう。

2 名前は正しく書く

子どもの名前を間違えると、保護者は不安に思います。漢字や読み方など、自信がないときは確認してから書きましょう。

3 敬語や言い回しに気をつける

間違った敬語や言い回しは、保護者の不信感につながります。日常的な敬語はきちんと使えるようにしましょう。

4 個人名を出さない

とくにトラブルの場合、相手の名前を知らせることで、問題が深まることもあります。名前は出さずに事実のみ伝えましょう。

5 くだけすぎた表現をしない

絵文字や話し言葉などは、人によって受け取り方が異なります。正しく丁寧な言葉遣いを心がけましょう。

6 字配りや改行に配慮する

１つの言葉はできるだけ同じ行の中で収まるようにしましょう。話題を変える際には、改行をすると読みやすくなります。

7 最後に必ず読み返す

誤字や脱字はないか、適切な表現になっているか、書き終わったら読み返す習慣をつけましょう。

園や家庭生活についての文例

連絡帳には保護者からのさまざまな意見や質問、要望が寄せられます。保育者はそれらに対して、具体的にこたえます。保育のプロとしての実践的なアドバイスや、保護者を応援する姿勢で対応しましょう。

園生活

生活習慣と しつけ

毎朝、登園をいやがって泣くので心配です。

保護者より

毎朝○○が泣いてすみません。みんな笑顔でバイバイしているのに、なぜうちの子だけ…と悲しくなります。

保護者の気持ち　>>>　保育者の理解

- 心配で登園後も気になる…。何とかしてほしい。
- うちの子は先生にちゃんと見てもらえているのかしら？

- お母様自身が、つらい思いをしているのね。
- お子さんがどのように過ごしているか、伝えよう。

文例

Point!

まずは保護者に安心してもらう

親の不安を子どもは敏感に感じとります。保護者に安心してもらうため、園でのサポートを伝えましょう。

保育者より

> お母様のことが大好きで離れたくないんですね。新しい環境に慣れるには、時間がかかるものです。これは、子どもとして自然な姿だと受けとめています。
>
> 登園後は、しばらく保育者に抱っこされていますが、そのうち友だちの様子を見て、少しずつ遊び始めています。❶友だちと積み木でおうちを作ったり、くまのぬいぐるみをおぶってお母さんになったり、笑顔で遊んでいますよ。ずっと泣いているわけではありませんので、その点はご安心ください。
>
> ❷○○ちゃんが園で楽しく過ごし、笑顔で登園できるよう、全力でサポートしてまいりますね。

ココに注目!

1 子どもが園で楽しく遊んでいる様子を、具体的に伝えます。

2 子どもが笑顔でいられるように支えるのが保育者の務めであることを伝え、安心してもらいます。

コレはNG

「泣くのは仕方のないことです。慣れれば大丈夫ですよ」

保護者は、子どもが園に慣れないことを心配しています。これでは「園は保護者の気持ちを真剣に考えてくれない」と思われてしまいます。保護者の不安な気持ちを受けとめ、誠意をもってサポートすることを伝えましょう。

園生活

生活習慣としつけ

そろそろ離乳食を始めたほうがよいのでしょうか?

 保護者より

○○は来週で生後5ヵ月になります。育児書を見ると、「5ヵ月頃から離乳食を始める」と書いてありますが、来週から始めたほうがよいのでしょうか?思ったよりも進め方がむずかしそうで、何から始めてよいのか…。はじめての子育てで、とても不安に感じています。

 保護者の気持ち >>>> **保育者の理解**

- はじめてのことでどのように進めたらよいのか見当がつかず不安…。
- 本のとおりに5ヵ月になった日から始めないと、成長に影響が出るかも。

- まずは何をするのかを伝えて安心できるようにしよう。
- お子さんの成長のサインに合わせて離乳食を始めることを提案しよう。

文例

Point!

離乳食は家庭と連携して

初期の離乳食が始まります。保護者、栄養士、担任が連携し、食材や量などを調整して進めましょう。

保育者より

もうすぐ5ヵ月ですね。○○ちゃんは首がしっかり据わり、寝返りをしようとする姿が見られるようになりました。どんどん体力もつく頃なので、離乳食について栄養士とも話しておりました。もっと早くお母様へお声かけすべきところ、ご心配をおかけしてすみませんでした。早速ですが、お話の時間をいただけますでしょうか。当日、栄養士からもくわしくお伝えしますが、はじめての離乳食は10倍粥から始めて、1日1さじ与え、2〜3日ごとに1さじずつ追加します。ご家庭と園とで協力して始めましょう。よろしくお願いいたします。

ココに注目!

1 子どもの成長に沿った開始の時期を伝えます。また、離乳食についての連絡が遅れたために保護者の不安へとつながったことをお詫びしましょう。

2 具体的な見とおしの一部を伝えます。

コレはNG

「成長を見ながら始めれば大丈夫です」

保護者の悩みに寄り添う姿勢が感じられません。育児書などを参考に、はじめてのことをがんばろうとしている姿勢をしっかりと受けとめましょう。栄養士と連携し、具体的にどのように始めたらよいのかなど、丁寧な説明を。

園生活

**生活習慣と
しつけ**

好き嫌いが多いのですが、給食は食べていますか?

保護者より

○○は野菜が苦手です。離乳食作りもとても苦労しました。でも給食の献立表を見ると、にんじんやごぼうやほうれん草など、家では食べられないもののオンパレードです。給食をちゃんと食べているのでしょうか?とても心配しています。

保護者の気持ち >>>>

- ほとんど食べられなくて、いつも最後まで残されているんじゃないかしら?
- 子どもの好き嫌いをなんとかしてほしい。

保育者の理解

- ちゃんと給食を食べているのか、こちらがどのように対応しているかを知りたいのね。
- できるだけ好き嫌いを減らす工夫を伝えよう。

文例

園での食事風景を知ってもらう

園の食事の雰囲気や指導内容を伝え、保護者から子どもをほめてもらい、食べられるものを増やします。

❶ ○○くん、給食を楽しく食べていますよ。苦手なものもあるようですが、園では調理法や味つけがご家庭と違うせいか、何だか分からずに食べてしまうことも多いようです。また、友だちと一緒に食べているので、友だちのまねをして口に入れることもあります。どうしても苦手なものが出たときは、量を半分や3分の1に減らして、「これくらい?」と確かめながらすすめています。

❷「園ではがんばって食べているのね」とほめてあげてくださいね。○○くんの自信になり、ご家庭での食事もさらに楽しめるようになると思いますよ。

ココに注目!

1 子どもは給食を苦痛に感じておらず、前向きに食べていることを伝えます。

2 子どもをほめることで、家庭での食事やそのほかの活動に対する意欲につなげることを勧めます。

コレはNG

「たしかに好き嫌いが多いですね。よく残しています」

ただ事実を述べているだけで、園の温かなまなざしが感じられない書き方です。子どもの積極的な様子や、園での工夫が伝わるようにしましょう。保護者が子どもの好き嫌いの解消につなげられるような言葉が入ると、よりよいでしょう。

トイレや着替えは
手伝ってもらえますか？

 保護者より

○○は月齢が遅いせいか、ボーっとしていることが多く、トイレも着替えも自分ではできません。家ではゆっくり教える時間もなく、わたしが助けてしまっています。園でもできないと思うので、お手数をおかけしますが、そのような場面では手伝ってやってください。

 保護者の気持ち 〉〉〉

- うちの子が困らないように、ちゃんと世話をしてもらいたいわ。
- 自分でできるようになってほしいけれど…。

 保育者の理解

- 自分ではできないものと、決めつけているのね。
- 園での工夫を伝えて、家庭でも取り組めるようにしたいわ。

文例

Point! **子どもは日々成長していることを伝える**
園での保育者のうながし方や子どもが自ら取り組む姿を伝え、家庭で行うことも提案します。

保育者より

ご心配されていること、よく分かりました。〇〇ちゃんが困らないように、援助いたしますね。園では、自分でやってみようと、少しずつ努力しているようです。シャツを脱ぐときには、「手を前でバツにして」「すそを持って」と、スモールステップを示しながら手を添えると、自分から意欲的に動くようになりました。❶ ご家庭でも、ときには助けたい気持ちをグッとがまんして、ぜひできるところまで自分でやらせてください。そして、できたときはたくさんほめてください。❷ 〇〇ちゃんは、日々成長していますよ。

ココに注目！

1 小さな進歩を認めることで子どもに自信をもたせ、さらなる意欲につなげてほしいことを伝えます。

2 子どもが日々少しずつ成長していることを伝え、気付けるようにしましょう。

コレはNG

「自分でやらせないと、できるようにはなりません」

正論ですが、助けてやってほしいと願っている保護者を突き放すことになります。援助を行うことは引き受けたうえで、いずれできるようになることを目指して一緒に取り組んでいく姿勢を伝えましょう。

園生活

生活習慣と しつけ

何回やっても自分で 靴がはけません。

 保護者より

なかなか自分で靴をはけません。かんしゃくを起こして泣くし、あまりの不器用さに情けなくなってしまいます…。

保護者の気持ち >>> **保育者の理解**

● どうしてできないのかしら？靴くらい自分ではいてほしいのに。

● はくのに時間がかかるとイライラして、うまく誘導できないのね。

文例

Point! **温かな援助の仕方を具体的に伝える**

スモールステップでの援助を知らせ、子どもが自分で
できた達成感と自信をもたせます。

保育者より

靴を自分ではくことは、子どもにとってはむずかしいこと
ですね。〇〇くんの正面にしゃがんで顔を見ながら、「つ
ま先を入れて、かかとは入れられるかな?」と言葉でリー
ドしてはいかがでしょう。できないところは、手を貸して
もよいと思います。また、1つできるごとに、「ほら、は
けた」「えらいね」と達成感を味わえる言葉をかけてくだ
さい。お母様の助けと温かな励ましが、〇〇くんの成長に
つながるはずです。毎日やっているうちに、必ず上手にな
りますよ。わたしも〇〇くんの成長を見逃さないように、
見守っていきますね。

ココに注目!

1 子どもが自分ではきたくな
るようなサポートの仕方を、
具体的に知らせます。

2 自分ではけた喜びを十分に
感じられるような言葉かけ
のコツを伝えます。

コレはNG

「しかるだけでは、はけるように
はなりませんよ」

保護者がしたことを否定しても、反感
を買うだけで保護者は前向きに「取り
組もう」という気持ちにはなれません。
過去を振り返るより、これから進むべ
き方法を、具体的に提案しましょう。

園生活

生活習慣と しつけ

クラスの人数が増えると心配です。

保護者より

もうすぐクラス替えですね。2歳児クラスは、先生が3人もいてくださり、丁寧に見ていただけて安心でした。でも、3歳児クラスになったら、1人の先生が受けもつ人数が増えると聞きました。〇〇は、困ったことなどを自分から言えない子なので心配です。

せんせい！

保護者の気持ち >>>

- 大勢の中で、ちゃんとうちの子を見てもらえるのかな？
- うちの子が自分の気持ちを主張できているか心配…。

保育者の理解

- 子どもがほったらかしになるんじゃないかと、心配なのね。
- お子さんの成長を伝えていこう！

文例

Point! **全力で援助する姿勢に変わりないことを示す**

進級やクラス替えは喜ばしいことであり、保育者の人数は減っても保育の質が下がらないことを伝えます。

 保育者より

〇〇ちゃんもいよいよ3歳児クラス。おめでとうございます！ずいぶんしっかりしてきましたよね。3歳児クラスでは、友だちとの関わりが増えます。友だち同士で力を合わせたり、おもしろい遊びを作り出したりできるようになり、自立心がぐんぐん育っていく時期でもあります。もちろん保育者は、これまで同様、1人1人のお子さんの動きを予測しながら、全力で保育に当たってまいります。困っているときは必ず援助いたしますので、ご安心ください。いろいろな人と関わりながら、たくさんの経験を重ねていってほしいと思っています。

コレはNG

「3歳児になれば大丈夫です」

3歳児になれば自動的にしっかりするわけではありません。保護者は一般論が知りたいわけではなく、あくまでもわが子が心配なのです。この記述では「保育者は子ども1人1人を見ていないのでは」と不安に思われてしまいます。

ココに注目!

1 進級を祝う気持ちを表し、子どもの成長についても触れます。

2 保護者が一番心配なことにきちんとこたえ、安心できるようにします。「ちゃんと見ています」ということを伝えましょう。

第1章 生活習慣としつけ

園生活

生活習慣としつけ

休みぐせがついてしまいました。

保護者より

夏休みは、旅行に出かけたり、家でのんびりしたり、楽しく過ごしました。ただ、休み中に生活リズムが狂ってしまい、朝起きるのも遅く、登園をいやがるようになりました。「休みぐせ」がついてしまったようです。毎朝、大泣きするので困っています。

保護者の気持ち >>>

保育者の理解

● どうすれば、以前のように喜んで通ってくれるかしら？

● 登園できないことに引け目を感じる…。

● まだ夏休みモードから抜け出せないのね。

● 無理なく登園できるようにサポートしよう。

文例

Point! 気持ちの切り替えをうながす

楽しかった夏休みに区切りをつけ、秋には違う楽しさがあることを保護者からも子どもへ伝えてもらいます。

 保育者より

充実した夏休みを過ごされたようで、本当によかったですね。園でも、夏休みのできごとを話してくれました。9月になり、園では秋を感じる活動や、運動会へ向けての取り組みが始まっています。○○ちゃんにも、ぜひ楽しんで参加してほしいと願っています。起きるのが少し遅くなったとのことですが、**❶夜はできるだけ早く寝て、朝の時間に余裕がもてると、○○ちゃんも気持ちよく準備ができるかもしれませんね。❷明日はみんなのために、素敵な「ぶどうのワッペン」を用意して待っています。**楽しく遊べるようにサポートいたしますので、ぜひ登園してくださいね。

ココに注目!

❶ 保護者が困った状況から早く脱せられるよう、すぐに実行できる改善策を提案します。

❷ 園に来たら楽しいことがあるということを具体的に書き、保護者から子どもに知らせてもらいます。

コレはNG

「運動会に出られるように、ちゃんと来てくださいね」

「登園しないと活動や行事に参加できなくなる」という言い方は、保護者と子どもにプレッシャーを与え、余計につらくなります。「みんなと同じ活動ができないのはかわいそう」という書き方も、保護者をあせらせるので避けます。

園生活

生活習慣としつけ

忘れものが多くてすみません。

保護者より

〇〇は、いつも忘れものが多くて、ご迷惑をおかけしています。昨日は、工作に使う牛乳パックを忘れて行ってしまいました。当日、ちゃんと手渡したのですが、玄関に置いたままだったようです。どうしたらもう少ししっかりしてくれるのでしょうか？

保護者の気持ち ⟩⟩⟩

- 何回言っても、ダメなのよね…。
- 保護者の責任だと思われるのはいやだな…。

保育者の理解

- 忘れものをなくしたいと思っているのね。
- 保護者を責めずに、お子さんの成長をうながす形で解決しよう。

文例

Point! **明るく受けとめ、対策を具体的に提案する**

明るい対応を心がけ、すぐにできる忘れもの対策を提案し、前向きに取り組めるよう励まします。

保育者より

材料は園で余分に準備してありますので、心配いりません。お母様がしっかり渡してくださっているのに置いていくなんて、〇〇くんは大物ですねえ！持ちものは、出かける前に声に出して確認するとよいかもしれません。「タオル、オッケー！」「お弁当、オッケー！」というふうに。お母様と「タオルは？」「オッケー！」とかけ合いをするのも楽しいですね。忘れものをしなかった日にほめるというのも効果的です。〇〇くんの中に自信として積み重なれば、それが必ずほかのことにもよい影響を与えてくれるはずです。

ココに注目！

1 忘れものは誰にでもあり、深刻に受けとめなくてもよいことを明るく伝えます。

2 保護者が子どもに明るく前向きな気持ちで関わりながら、忘れものを防ぐ方法を具体的に提案します。

コレはNG

「まだ幼児ですので、最終確認はお母様がしてください」

「忘れものが多いのは、家庭の責任である」という意味に受けとられて、保護者を傷付ける場合もあります。たとえ幼児でも、子どもが主体となる対策を示さなければ、子どもの成長につながりません。

園生活

**生活習慣と
しつけ**

園からの連絡を子どもに
まかせて大丈夫ですか?

保護者より

5歳になり、「お口のおたより」が増えてきましたね。うちの子は、あわてんぼうでそそっかしく、聞いたことをすぐに忘れてしまうタイプです。園からの連絡を、わたしにきちんと伝えてくれているのか、とても心配です。子どもにまかせていて、大丈夫でしょうか?

保護者の気持ち 〉〉〉

- うちの子には無理だわ。連絡事項はちゃんとプリントにして配ってもらいたいのに。
- 忘れものをして、うちの子が困らないかしら?

保育者の理解

- 活動の目的をまだ理解していないのね。
- 「お口のおたより」を忘れてしまっても、大丈夫だと伝えよう。

Point! 教育活動としての意義を理解してもらう

子どもが「聞いたことを正しく人に伝えられる」ことの大切さを示し、活動への理解を求めます。

 保育者より

ご心配の件、よく分かりました。5歳児になって3ヵ月、〇〇ちゃんはずいぶん成長しましたよ。❶「お口のおたより」も、〇〇ちゃんならきっとできると思いましたので、まずは1つから挑戦しています。聞いたことを人に正しく伝える力は、いずれ身に付けてほしい力の1つです。そのために、このような活動に取り組んでいます。❷なお、お母様に伝わらないと困るような内容の連絡は、必ず同時におたよりでもお伝えしますので、ご安心ください。きちんと伝えられたときは、ほめてあげてくださいね。自信が成長に結び付くはずです。

ココに注目!

1 園では、「子どもがきっとできるようになると信じ、願っている」という気持ちを込めて書きます。

2 連絡事項は忘れても困らないものであることを伝え、安心してもらいます。

 コレはNG

「5歳児になったのですから、できなくては困ります」

「お口のおたより」ができないことは問題だという見解は、保護者の不安をさらにあおり、気持ちをうしろ向きにします。まずは取り組みの意義を理解していただき、保護者が前向きな気持ちで協力したくなるようにしましょう。

言葉遣いが悪くなってきました。

保護者より

最近、〇〇の言葉遣いが悪くなってきました。注意しても直らず、困っています。わたし自身は、そのような言葉を使ったり、教えたりしたことはないのですが…。
テレビや、園の友だちの影響でしょうか？どのようにやめさせたらよいか、悩んでいます。

保護者の気持ち >>>

- 先生からガツンと言って、やめさせてもらいたいわ。
- こんな言葉遣いでは、外へ連れ出した際に恥ずかしい…。

保育者の理解

- 家庭でも園と同じように流行言葉を楽しんでいるんだな。
- お母様は耳障りな言葉にイライラしているのね。

文 例

Point!
健全な発達の一過程だと知らせる
友だちがどんなにおもしろいことを言っていても無関心でいる子どものほうがむしろ心配なはずです。

保育者より

❶言葉遣いについてご心配なさっているのですね。これは、友だちから刺激を受けて自分の世界を広げている姿です。今まで耳にしたことのない言葉を聞き、「おもしろそうだ。使ってみたい」と好奇心をもち自分の中に取り込んだのです。❷友だち同士で言い合って笑い、心のつながりを感じてもいるようです。たとえ好ましくない言葉でも、ただ禁止するのではなく、経験させて、いやな思いをする人の存在に気付いたり自分もいやな思いをしたりすることで、言葉を選んで使い分けるセンスを養ってほしいと思います。健全な発達の姿で、一時的なものと考えてくださいね。

ココに注目！

1 まず、悩みをしっかりと受けとめたことを知らせます。

2 友だちとの人間関係を構築する1つのツールになっていることを伝えます。

コレはNG

「ご家庭と園で、正しい言葉を指導しましょう」

保護者の要望は受けとめたいですが、何よりも大切なことは、子どもの健全な発達です。無理やり言葉を矯正することが続くと、子どもは何も話さなくなる危険があります。今は新しい言葉を取り込み、話す喜びを経験することが重要なのです。

園生活

生活習慣と
しつけ

できることでも自分で
やろうとしません。

保護者より

〇〇は、食事や着替えなど、身のまわりのことは自分でできるようになりました。しかし、「ママが食べさせて」「ママが着替えさせて」と言って、まったく自分でやろうとしません。毎日、忙しいときに言われるので、困ってしまいます。どうすればよいでしょうか？

 着せて！

保護者の気持ち　>>>>　**保育者の理解**

- 甘えんぼうすぎて、本当に困っちゃうわ。
- 忙しくて手が回らないのに、いい加減にしてほしい。

- お子さんのことがとても心配なのね。
- ストレスがたまって、イライラしているみたい…。

Point! 手をかけずに目をかける

「自分でしなさい」と言われると突き放された気分になります。見ていること、応援していることを前面に。

保育者より

お母様が大好きで、甘えたい気持ちがあふれているのですね。❶「○○ができるようになってママはうれしいよ」と自分でできることを喜んであげてください。「今日もできるかな?」と声をかけ、できたら「さすが、○○!」とほめてください。大好きなお母様にほめられるほど、うれしいことはないはずです。

❷実況放送のように、「今、シャツを脱ぎました。次はズボンです。うまく脱げるでしょうか。おっと、座って脱ぐとはよい方法ですね」と語りかけるのも行動をうながす効果があります。楽しく働きかけてみてください。

ココに注目!

1 「やりなさい」という命令ではなく、保護者の気持ちを子どもへ伝えます。子どもは保護者を喜ばせたいはずです。

2 援助のアイデアを具体的に伝えます。

コレはNG

「"ごねればやってもらえる"と学習させたのでは?」

これでは、「あなたのやり方が悪いからこうなっている」と責めているも同然です。困っている保護者がすぐにできるような方法をポジティブに伝えたいものです。子どもも保護者もハッピーになるアイデアを数多く提案してみましょう。

行動がほかの子より遅い
ようで気になります。

 保護者より

○○は、いつもボーっとしています。園に送っ
て行ったときも、靴を脱いだり、身支度をした
りするのが、ほかの子よりも遅いようです。先
生にも、ご迷惑をおかけ
していないでしょうか。
この先、集団生活でちゃ
んとやっていけるのか、
心配しています。

保護者の気持ち 》》》

- いつもグズグズして園で迷惑
  をかけていないかな？
- ほかの子より発達が遅れてい
  るかもしれない…。

保育者の理解

- 子どもの行動が遅くて、イラ
  イラしているのね。
- ほかの子と比較して、発達の
  遅れを心配されているわ。

文例

Point!

まずは保護者に安心してもらう

まわりの状況を見てから動き出すその子のスタイルを
伝え、その中で主体性が育っていることを知らせます。

保育者より

○○ちゃんの行動がゆっくりしていることを、ご心配なさっ
ているのですね。○○ちゃんはどちらかというと慎重なタイ
プで、まわりの様子をよく見ています。友だちの遊び方や表
情をよく観察して、自分が安心できてから、やっと行動に移
るようです。

❶急がせる必要はありません。自分でやろうと決めて動き出す、
主体性を育てることが大切だからです。今は自分のペースを
大事にして、1つ1つ丁寧に取り組むことや充実感を味わうこ
とが、○○ちゃんの成長につながります。

❷どうぞやさしい言葉をかけてあげてください。

ココに注目！

❶ 「やらせる」ことでは育た
ない、自分から動き出す「主
体性」について説明します。

❷ 保護者はどのように関わる
べきかを具体的に知らせま
す。

コレはNG

「たしかにボーっとしていますね。
次の行動へうながしましょう」

保護者の言い分を丸ごと受けとめるこ
とが基本と言っても、これでは逆効果！
同じ見え方でも「ゆっくり」と表した
ほうがやさしく肯定的です。うながし
は今も実行していますから、ことさら
強調するとうるさく催促する状態にな
りかねません。要注意です。

園生活

・・・・・・・・・・・・・・・

生活習慣と
しつけ

園を出たあと、寄り道が多く困っています。

保護者より

毎日、園から家まで帰るのに、とても時間がかかります。虫を見つけて追いかけたかと思えば、石を拾い始めたり、「公園に行く」と言って泣き叫んだり…。帰宅が遅くなるので、その後の家事がなかなか進みません。先生、何かよい方法はありませんか？

保護者の気持ち 〉〉〉

- 家でやらなくてはいけないことが多くて早く帰りたいのに。
- 甘やかしすぎ？強く言うと泣き叫ぶし、どうすればよいか分からないわ。

保育者の理解

- 帰宅後に忙しい思いをするのがいやなのね。
- 子どもとどのように接すればよいのか、対応に困っているんだな。

文例

Point!
探究する心の芽生えを喜ぶ

子どもに育んでほしい力をすでに獲得しているよさを
伝え、生活の中で調整していく視点を示します。

保育者より

素晴らしい好奇心ですね。さまざまなものに興味をもち、
探究しようとする姿勢は、大きな成長につながっています。
かといって、帰宅が遅くなるのも困りますね。たとえば「〇
時〇分まで探検に付き合うよ。その時間になったら帰って
ママのおうち仕事タイム。手伝ってね」と時間を決めては
どうでしょう。その時刻までは「そろそろ？」とか「まだ？」
とか言わず、おもしろがって〇〇ちゃんの好奇心を応援し
てあげてください。家に帰ったら、次はお母様の仕事を〇
〇ちゃんに応援してもらいましょう。きっと手伝ってくれ
るはずです。

ココに注目！

1 興味をもつことのよさを全
面的に認めます。

2 帰宅が遅くなりすぎないよ
うに、どのように子どもへ
伝えればよいかを具体的に
知らせます。

コレはNG

「泣き叫ぶのは問題ですね。まっ
すぐ帰る大切さを伝えてください」

見つけたものに興味をもつ姿こそ、探
究心の芽生えです。可能な限り探究で
きるようにするのが大人の役割でしょ
う。泣き叫ぶのは、思うことができな
い悲しみの表現です。寄り道に付き合
う保護者をほめたたえるほうが、子ど
もの成長につながります。

園生活

・・・・・・・・・・・・

生活習慣と
しつけ

お風呂に入るのを
いやがります。

保護者より

〇〇は、お風呂に入るのをいやがります。いろいろと声をかけてみますが、「いやだ」「入らない」の一点張りで、最終的には大泣きしながら無理やり連れていきます。毎日のことなので、わたしも疲れきっています。この先もずっと続くのでしょうか？

保護者の気持ち　　》》》

● こんなことが毎日続くかと思うとお風呂の時間が憂鬱…。

● 無理やりではなく、楽しく一緒にお風呂に入りたいのに。

保育者の理解

● 困っている気持ちを受けとめよう！

● 一緒に楽しく入れる工夫を考えて伝えよう。

文例

Point! 遊びながらお風呂へ誘ってみる

「お風呂に入らなければ」から「一緒にお風呂で楽しく温まろう」という考え方にシフトチェンジします。

保育者より

今日も一日お疲れ様でした。お父様、ゆっくり休めていますか。お風呂の時間がしんどく感じられるのですね。

大好きなお父様を独占できる貴重な時間ですから〇〇くんも思いきり甘えている様子が伺えます。「今日はお風呂まで電車に乗って行きます！」と言って、〇〇くんをおんぶしてお風呂まで行ってみてはいかがでしょうか。園でも、「もう歩かない」というときは、わたしが電車になっています。たまに、馬にもなります。「ガタンゴトン」と効果音も忘れずに。お風呂駅に無事に到着できるように願っています。

ココに注目!

1 文頭は疲れを労い、保護者の思いを受けとめながら徐々に本題に入ります。

2 思いつめた保護者の肩の力が抜けて、子どもの前で笑顔になれるように、園でのエピソードを踏まえながら伝えます。

コレはNG

「そのうち泣かなくなるので大丈夫ですよ」

根拠のない「大丈夫」は避けましょう。保護者が何に困っているのかを受けとめ、子どもの成長を、家庭と園で連携しながら見守れるように信頼関係を構築していきましょう。そして、できるだけ具体的な解決策を伝えましょう。

園生活

生活習慣と
しつけ

園におもちゃやシールを持って行こうとします。

保護者より

毎朝、〇〇が勝手に、通園カバンにおもちゃやシールを入れています。「ダメだよ」と言うのですが、まったく言うことを聞いてくれません。

仕方なくわたしが取り出すと、毎回大泣きされて大変です。見えなければ、カバンの中に入っていても大丈夫でしょうか？

保護者の気持ち　≫≫≫

- ルールを守らせたいのに言うことを聞かなくて困るわ。
- 見えなければOKなら、このやり取りをしなくて済むわ。

保育者の理解

- 毎朝、おもちゃを巡って一騒動があったんだなあ。
- お子さんはご家庭のおもちゃに固執しているのね。

文例

Point!

自分で「持って行かない」と決められるまで

知らせてくれたことに感謝し、園でも本人とクラスの
みんなで話し合い、成長をうながすことを伝えます。

保育者より

よっぽどお気に入りで、肌身離さず持っていたい気分なの
でしょうね。見せびらかすことが目的ではなく、それが園
へ行くための「お守り」になるのなら、クラスのみんなで
話し合ってみようと思います。もちろん、お守りがなくて
も園のおもちゃで楽しく遊べるようになることが目標です。
〇〇くんがお守りがなくても園に来られるようになったら、
クラス全員で「よかったね！」と喜び合えるでしょう。家
では家のおもちゃで、園では園のおもちゃで遊べるよう、
わたしも〇〇くんに話してみますね。

ココに注目!

1 なぜ子どもがそれを持って
行きたがるのか、その意味
について考えます。

2 育ちの目標を示します。本
人が自分で決断できるま
で、無理のないよう見守る
ことを伝えます。

コレはNG

「園の規則で、ご家庭からのおも
ちゃの持ち込みは禁止です」

ルールを掲げてバッサリ切るようなや
り方はよくありません。保護者もルー
ルを分かっているからおもちゃを取り
出し大泣きされているのです。子ども
の気持ちを推し量り、自分で持ってい
かない決断ができるようにしたいもの
です。

第1章 生活習慣としつけ

園生活

生活習慣と しつけ

迎えに行っても 帰りたがりません。

保護者より

○○は、毎日、園で楽しく過ごせているようです。そのせいか、最近はわたしがお迎えに行っても、なかなか帰ろうとしません。わたしの仕事が忙しく、ゆっくり相手をしてあげられないので、園のほうが楽しくなってしまったのでしょうか…。ちょっと淋しいです。

保護者の気持ち 〉〉〉〉

- もう母親のわたしは、子どもにとって魅力がないのかな？
- 園のほうが楽しいだなんて、なんだか負けたみたいでくやしい。

保育者の理解

- 「ママ、ママ」と追いかけてこなくなったことが淋しいのね。
- お子さんはすくすくと成長し、自分の世界を広げているわ。

文例

Point!
子どもの成長した姿だと伝える

園での友だちとの遊びに楽しさを見出している好ましい姿です。保護者にも徐々に子離れを意識させます。

保育者より

園を楽しいと感じてもらえて、とてもうれしく思います。今、クラスで竹馬が流行っており、友だちと一緒に新しい技に挑戦しています。❶友だちとの遊びが楽しくなるのは自然な発達の姿です。「家庭での遊び」と「園での遊び」は、どちらもそれぞれ楽しいはず。心配はいりません。

❷お仕事がお忙しいのにお子さんと遊んであげたいと思われるお母様は素晴らしいです。〇〇ちゃんは幸せですね。園では園の遊びがあり、家庭では大好きなご家族とのひとときがあります。どちらも大切にして〇〇ちゃんの成長を見守りましょう。

ココに注目!

1 子どもの成長に伴い、視野が広がり、経験も深まっていることを知らせます。

2 保護者の深い愛情には惜しみない賛辞を贈ります。そのうえで成長した子どもの姿を受け入れられるようにします。

コレはNG

「お忙しいのですから仕方がありませんね。おまかせください」

子どもが保護者よりも園を選んだのではないかというくやしさ、悲しみをまったく受けとめていません。子どもは次第により広い友だちとの世界を求めるのが自然であることを伝えます。保護者の愛や見守りと園での交流は、どちらも大切なものです。

園生活

生活習慣と
しつけ

いやなことがあるとすぐに手が出ます。

保護者より

○○はいやなことがあると、すぐに手が出ます。注意すると、わたしのことをたたいたり、おもちゃを投げたり、暴力的で心配です。このままではいけないと思うのですが、どうしたらよいでしょうか？園では、友だちに手が出ていませんか？

 保護者の気持ち >>> **保育者の理解**

- スイッチが入ると手がつけられず、困ってしまうわ。
- このままでは乱暴な子どもになってしまうかもしれない。

- 暴れることに手を焼いているのね。
- 暴れたら要求が通るという経験をしたのかもしれない。

文例

> **Point!**
>
> ### 思いを言葉で伝えるよさを
>
> 不満の吐き出し方を知らせ、「そうだったのね」と共感して受けとめられる経験を積み重ねたいものです。

保育者より

❶ イライラした気持ちが行動に出てしまうことを心配なさっているのですね。園では「手を出してはいけない」ことを理解しており、ブレーキがかけられるようですが、ご家庭では甘えもありストレートに感情をぶつけてしまうのかもしれません。

自分にとって不愉快なことがあった場合、言葉で伝えられるとよいのですが、そこがまだうまく表せないのでしょう。

❷ 「どんな気持ち?」「どうしてほしいと思っているの?」と思いをたずね、言葉で伝えることができたら大いにほめてください。言葉を使うよさを経験させていきましょう。

ココに注目!

- - - - - - - - - - - - - - - -

1 保護者の悩みを共感して受けとめ、理解したことを伝えます。

2 具体的にどのように対応したらよいかを知らせます。暴力をやめさせるより、子どもの思いを理解することに力点をおきます。

コレはNG

「どのような理由があっても、暴力はいけません」

暴力はいけないと分かっていても、なぜ手が出てしまうのか、そこを考える必要があります。たたかずにはいられない気持ちを受けとめつつ、たたかなくても思いを伝えられる方法があるのだということを語り、家庭と手をたずさえて見守りましょう。

園生活

生活習慣としつけ

ときどきおねしょをしています。

保護者より

夜のおむつはずっと前にはずれていて、おねしょをすることもなかったのですが、最近ときどき失敗します。今までできていたのに、突然おねしょをするようになるなんて、何か原因があるのでしょうか？園で変わった様子があれば、教えてください。

保護者の気持ち 〉〉〉

- 今までしていなかったのに急におねしょなんて、何かあったのかしら？
- 園で何かいやな体験をしたせいじゃないかしら？

保育者の理解

- 急におねしょが始まり、戸惑っているのね。
- 子どもが精神的なストレスを感じているのか、注意して見守ろう。

Point! 安心できる環境を作って

子どもも動揺しています。「大丈夫」「必ず治る」と、どんと構えてやさしく接することを示します。

 保育者より

突然おねしょをするようになったとのこと、ご心配ですね。おねしょは大変デリケートな問題です。精神的なストレスが原因となる場合があります。おねしょをしたことに動揺なさらず、「大きいサイズの夜のパンツもあるからね」と❶安心させてあげてください。子どもが自信をなくすことは避けなければなりません。

園では変わりなく友だちと楽しそうに遊んでいますが、これからさらに注意深く見守りますね。❷それでもおねしょが続くようなら医療機関に相談するとよいかもしれません。処方薬でおねしょが減ることもあるようです。

ココに注目!

1 いやな顔をしたり叱ったりすると、かえって悪化するので、まず安心させることを伝えます。

2 専門機関へつなぐことで情報を得て、適切に治療できる場合も多いものです。

 コレはNG

「園では変わりないです。ご家庭で何かあったのでは?」

「園に責任はありません。原因はご家庭にあるのではないですか」と、責任を押し付けているようです。心配して相談してきた保護者を突き放さず、ともによい方法を探っていくのが保育者の役目です。

園生活

生活習慣としつけ

歯磨きをいやがります。

保護者より

○○は、歯磨きが大の苦手です。毎日、歯磨きの時間になると逃げ回り、最終的にはわたしがおさえつけながら、無理やりしています。泣き叫ばれるので、大変です。

虫歯になると困るので、しないわけにもいかず…。

何かよい方法はありますか？

保護者の気持ち 》》》	**保育者の理解**
● きれいに磨いてあげたいけれど、どうしたらよいのかな？	● お父様は毎晩疲れているのね。
● 無理やりおさえつけるのも気がひけるので、よい方法が知りたい。	● 虫歯になる心配を、軽減できるとよいな。

文例

Point! **いやがる子どもをおさえつけない**
喉が敏感であることや、がまんできず唾を飲み込むことなどが原因として考えられます。

保育者より

今日、〇〇くんは歯磨きをしている4歳児のお兄さんをじーっと見ていました。〇〇くんと目があったので、「歯磨きする?」と声をかけると、はにかみながら頷いたので、一緒に磨きました。とはいっても短時間です。口の中に異物が入るので、不快感で歯磨きをいやがる子どもは多いものです。まずは歯ブラシに慣れるために、園では好きなキャラクターのシールを貼ったり、保育者が笑顔で歯を磨く姿を見せたりしています。また、音楽をかけることで、歯磨きタイムの習慣付けにもなっています。お父様も笑顔で一緒に磨いてみてください。

ココに注目!

1 歯磨きに興味をもっている姿があるので、少しずつ無理強いせずに取り組むことを伝えます。

2 慌てず欲張らずゆっくりと。歯ブラシに慣れるところから、少しずつ時間を延ばすように伝えます。

コレはNG

「虫歯になっては困るので、歯磨きは必ずしてください」

無理強いすることで歯磨きを嫌いになっては困ります。その子に合ったタイミングで歯磨きの習慣がつけられるように。また、人形を使って歯磨きをしたり、折り紙で作った歯ブラシとコップで遊んだりしながら興味をもてるとよいですね。

園生活

生活習慣と
しつけ

トイレを怖がって
行きたがりません。

保護者より

先週からトイレトレーニングを始めました。まずは便座に座らせてみたのですが、その後、「トイレ、いや」「怖いの」と言って、トイレに入ることもむずかしくなっ
てしまいました。まったく進まず、困り果てています。園での様子はどうでしょうか？

保護者の気持ち　>>>

保育者の理解

- トイレを怖がってしまってどうしたらよいのだろう？
- このままで本当におむつがはずれるのかな？

- トイレで安心できればよいのね。
- 協力できるように、家庭での様子をくわしく聞こう。

文例

Point! **保護者に共感しながらアドバイスを**

家庭環境を把握したうえで、園での取り組みを伝え、家庭でもできそうなことを提案しましょう。

> ○○ちゃんから「怖いの」と言われ、お父様もお困りでしたね。園では、❶3～4人で一緒にトイレへ行って、となりに座っている友だちをチラッと気にしながらも便器に座っています。友だちが「出たー」と言うと、まだ出ていなくても「出たー」と言って喜んでいます。園との違いを考えてみると、足が床に着かず不安定なのかもしれません。大人用の便器では、踏み台を置いて横で見守りながら「これで安心だね」と声をかけてはいかがでしょう。❷まだご家庭での様子をお知らせくださいね。一緒に考えていきましょう。

ココに注目!

- - - - - - - - - - - - - - - - - -

1 園で楽しみながらトイレに挑戦する様子を伝え、安心してもらいます。

2 アドバイスを伝えるのみでなく、長期的に関わりをもつ姿勢を示します。

コレはNG

「とにかくトイレに慣れさせてください」

トイレを怖がる子は、無理にトイレに連れて行くと逆効果になることもあります。おまるが使えるなら、トイレに慣れるまでは、おまるで気長にトレーニングすることも提案してみましょう。

園生活

友だちとのトラブル

「園に行きたくない」と言っています。

 保護者より

最近○○は、朝になると「園に行きたくない」と言います。理由をたずねても、何も話してくれません。夜はしっかりとごはんを食べていますし、寝付きもよく、心配ないようにも思うのですが、朝はぐずるので困っています。何か思い当たる原因はありますか？

行きたくない！

保護者の気持ち 〉〉〉

- 園で何かいやなことがあったのかな？
- 園で変わった様子や、トラブルがなかったか知りたい。

保育者の理解

- 園に対して少し不信感を抱いているのね。
- 園での様子と具体的な解決策を連絡しよう。

文例

Point! **さっそく解決に動いたことを伝える**
保護者からの連絡をきっかけに、子どもたちと話をしてよりよい状況が作れたことや感謝を伝えます。

 保育者より

お知らせいただき、ありがとうございます。今日、〇〇ちゃんにそれとなくたずねてみました。「〇〇ちゃんが楽しく園に来られるためなら何だってするよ」と言うと、少しずつ話してくれました。どうやら友だちに「仲間に入れてあげない」と言われたことが引っかかっていたようです。相手の子とも話しましたが、〇〇ちゃんだから言ったわけではなく、言ったこともももう覚えていませんでした。仲直りの握手をし、〇〇ちゃんはホッとしたようでした。これからも、様子を見てサポートしてまいります。また、何か気付かれたことがありましたら、お知らせください。

ココに注目!

1 トラブルに対しては、迅速に対応することが肝心です。子どもとのやりとりもくわしく書きます。

2 原因を導き出した経過を報告し、その後の子どもの様子についても知らせます。

 コレはNG

「園では元気に遊んでいるから大丈夫ですよ」

保護者は、毎朝子どもの不機嫌な様子を見ているから、心配しているのです。園での様子だけで判断しても、保護者は納得できず、問題の解決にもつながりません。子ども本人がどのような気持ちなのかをそれとなく聞き取り、原因を探しましょう。

園生活
....
**友だちとの
トラブル**

△△くんを噛んでしまった ことを謝りたいです。

 保護者より

昨日は、○○が△△くんを噛んでしまって、すみませんでした。△△くんのお母さんも、きっと気にされていますよね。きちんと謝ったほうがよいかなと思うのですが…。△△くんとはお迎えの時間帯が違いますし、どうしたらよいのか分からず、困っています。

 保護者の気持ち >>> **保育者の理解**

● △△くんのお母さんに悪く思われたくないわ。

● けがの様子も心配だし、保護者としてしっかり対応したい。

● 噛んでしまったことを謝りたいと思っているのね。

● 保護者間でトラブルにならないようフォローしよう。

Point! 保育者が間に立つことを伝える

噛んだことは園の責任であると謝罪し、保育者が相手の保護者へ伝言してから一声かけることを勧めます。

保育者より

こちらこそ、〇〇くんを止められず、申し訳ありませんでした。〇〇くんは、おもちゃを取ろうとした△△くんへ、「いやだ！」という意思表示で噛んでしまったようです。まずはわたしから△△くんのお母様に、「〇〇くんのお母様が謝りたいお気持ちでいる」ということをお伝えします。来週の生活発表会で、直接お話ができるといいですね。

これからは、〇〇くんが言葉で思いを伝えることができるように、見守ってまいります。また、友だちと上手に気持ちを通わせながら、楽しく過ごせるように、援助いたしますね。

ココに注目！

1. 園の責任を認め、丁寧にお詫びします。また、噛むにはそれなりの理由や経緯があったことも伝えます。

2. 保育者が間に立ち、相手へ気持ちを伝えることを提案します。

コレはNG

「お手紙を書かれたらいかがでしょうか。お渡ししますよ」

文章で気持ちを表現するのは、なかなかむずかしいものです。言葉の使い方次第では、相手の心に引っかかり、逆に関係が悪化する可能性もあります。安易に手紙を書くことを勧めるのは危険です。

第1章 友だちとのトラブル

園生活

友だちとの
トラブル

△△ちゃんから「嫌い」と言われたようです。

保護者より

昨日、○○が落ち込んでいたので、どうしたのかとたずねると、△△ちゃんから「嫌い」とか「仲間に入れてあげない」とか言われたのだそうです。友だちから仲間はずれにされていると聞き、ショックです。先生、何とか○○を助けてやってもらえませんか？

嫌い！

保護者の気持ち 》》》

- 友だち関係がうまくいくように、しっかり見てほしい。
- 友だち関係のトラブルに園はどのように対応しているのかな？

保育者の理解

- お子さんが仲間はずれにされて、つらい思いをしているのではと心配しているのね。
- 具体的な対応と経過を連絡して、安心できるようにしたい。

文例

Point!

解決の経緯をくわしく伝える

解決に向け動き、援助したことを具体的に伝え、子どもが人付き合いを学んで成長したことも書きます。

保育者より

お知らせいただき、ありがとうございました。**❶** さっそく今日、○○ちゃんに話を聞いたところ、やはり△△ちゃんの言葉が心に引っかかっていたようでした。園のほうで気付くことができず、申し訳ありませんでした。△△ちゃんにも話を聞くと、あやとりが上手な○○ちゃんをライバルのように感じており、つい冷たく当たってしまったとのこと。**❷** その後、△△ちゃんは自分から謝り、○○ちゃんが「パッチンほうき」の作り方を教えてあげたことで、また仲良くなれたようです。これからも、気持ちの変化に気を配りながら、見守ってまいります。

ココに注目!

1 保育者がすぐに動いて子どもの気持ちをしっかり確かめたことを報告します。

2 関係の修復をはかるため、2人で共通の遊びを通して触れ合ったことを知らせます。

コレはNG

「仲間はずれはないと思いますが、様子を見てみます」

「ことなかれ主義」と「対応の遅さ」がうかがえます。解決しようという前向きな姿勢が感じられないので、保護者の不満は続くでしょう。子どもたちは友だち関係の中で、さまざまな感情を抱えて成長していきます。上手に関係を築けるようサポートしましょう。

園生活

友だちとの
トラブル

△△ちゃんと違う
グループにしてください。

保護者より

○○は、同じグループの△△ちゃんとは気が合わないようです。最近、園から帰ると、「△△ちゃんがいやなことを言った」とか、文句ばかり言います。このままでは、園生活を楽しむことができないと思うので、△△ちゃんと違うグループにしてもらいたいのですが…。

保護者の気持ち >>>

- うちの子がいやな思いをしているのよ！何とかして！
- 先生の対応や指導力に問題があるのでは？

保育者の理解

- 自分のお子さんが被害者だと思っているのね。
- 子どもたちが良好な関係を構築できるようにしたい。

文例

> ### Point!
> ### 2人の関係について、プラスの面を伝える
> 2人はけんかもするけれど、ひかれ合っている関係でもあることを伝えます。

保育者より

ご家庭での様子、よく分かりました。〇〇ちゃんは、△△ちゃんが気になって仕方がないようですね。△△ちゃんも〇〇ちゃんのことをよく見ています。❶おたがいに関心があり、ひかれ合うところもあるのですが、その分、ぶつかることもあるようです。相手のしていることを見て、それを自分の遊びや表現に取り入れるなど、刺激し合える関係って素敵ですよね。自分以外の人に関心をもてるのは、成長の証でもあります。もしかしたら、離れるとさびしく感じるかもしれません。❷次のグループ替えでは、2人にどうしたいかをたずねてみますね。

ココに注目！

1 園での2人の様子について、具体的に記します。

2 グループ替えについては明言を避け、当事者である子どもの気持ちも考慮することを伝えます。

コレはNG

「〇〇ちゃんと△△ちゃん、園では楽しそうにやっていますよ」

保護者が子どもから直接聞いている話とは、正反対の姿を伝えることになるので、保護者は納得できないでしょう。2人の関係を深く冷静に分析し、状況を説明する必要があります。子どもたちがどう考えているか、本人たちから聞き取りましょう。

夜泣きの原因に
心当たりはありますか?

 保護者より

昨日、いつもと同じように20時半には寝ましたが、夜中に2度も起きて大泣き…。園で何かあったのでしょうか?

ごはん食べたら、絵本を読もうか

おやすみ 今日もいつもどおり

抱っこしようね
ふぇーん
夜の10時…

また夜泣き…園で何かあったのかな?
わー
夜中の1時…

保護者の気持ち　>>>

- 園で何かいやな目にあったんじゃないかしら?
- 今までこんなことなかったから心配だわ。

保育者の理解

- 夜泣きの原因が、園でのできごとにあると思っているのね。
- 園で何か変わったところはあったかしら?

文例

Point! **園で起きたことを誠実にこたえる**

夜泣きがあったことは事実なので、何か思い当たることはないか、よく考えてからこたえます。

保育者より

昨夜、夜泣きが2度もあったとは、心配されたことでしょう。園では昨日、水遊びを楽しみました。バケツに水を入れると、〇〇ちゃんはうれしそうに声をあげていました。①公園では、犬を興味深そうに見ていました。犬が急にほえたときには、びっくりしてあとずさりしていましたが、もしかして、それが原因でしょうか？そのほかには、とくに変わったことはなかったと思います。②ところで、夜泣きの原因としてよく言われるのは「体内時計の乱れ」です。夜、決まった時刻に照明を落とすのに加えて、朝も決まった時刻に起こすとよいようです。また経過をお知らせくださいね。

ココに注目!

1. 園での子どもの様子や夜泣きの原因として考えられることを具体的に伝えます。

2. 実際の夜泣きの原因は、体内時計のずれであることがほとんどなので、率直に伝えましょう。

コレはNG

「とくに変わった様子は見られませんでした」

「園に責任はありません」と突き放したようにとられてしまいます。当事者として事態を真剣に受けとめ、ともに解決する方向へ向かおうとする姿勢が求められます。保護者の悩みに寄り添い、解決策やアドバイスを提案しましょう。

園生活

健康と安全

風邪気味なので長袖を脱がさないでください。

保護者より

昨日から少し鼻水が出始めたため、大事をとって昨晩は早めに寝かせました。今朝は元気があり、機嫌もよいです。朝、検温したら、熱はありませんでしたが、念のため厚手の長袖を着せました。寒くなると発熱するかもしれないので、脱がさないでください。

保護者の気持ち ≫≫≫

- 長袖を脱がされて、風邪がひどくなったら大変！
- 体調の変化をよく見ていてほしい。

保育者の理解

- 園が勝手に判断して脱がせることを、おそれているのね。
- 鼻水が出ると体調をくずしやすいのね。気をつけて経過を見よう。

文例

Point! **保護者の思いを尊重したことを伝える**

保護者の要望どおり、長袖を脱がさなかったことを伝えます。要望に反して招いた体調悪化は園の責任です。

保育者より

風邪気味とのこと、承知しました。○○くんは、今日はお部屋でカタカタ手押し車を楽しみました。ヒヨコの動きが気に入り、笑顔で喜びの声を出していました。①午後は気温があがったせいか、少し暑そうな様子でしたので、袖をまくりました。昼寝のときは、保育者がこまめに様子を見ました。②鼻水は、午前中に少し出ていましたが、午後からはおさまったようです。

このまま、風邪が治るとよいですね。お子さんが体調をくずすと不安ですよね。くれぐれもお大事になさってください。

ココに注目!

1. 園での様子を時系列に沿ってくわしく伝えます。

2. 症状のあった鼻水についても、園での経過を報告します。

コレはNG

「長袖は暑そうで、少しかわいそうでした」

保護者がよかれと思ってしたことについて、否定する記述は避けるべきです。園は大事な子どもを預かり、保護者の代わりとなって世話をする立場ですから、保護者の考えをくみ取って行動することが基本です。

園生活
....
健康と安全

子どもの体調が
よくありません…。

 保護者より

昨日の夕方からぐずり出し、よく泣くなと思っていたら下痢をしていました。熱はありませんが、今朝も体調はあまりよくないようです。もし体調が急変するなど、何かあれば連絡してください。実家の母にすぐ迎えに行ってもらえるように連絡しておきます。

 保護者の気持ち >>> **保育者の理解**

- 今日一日、園で過ごせるかどうか、心配だわ。そばにいられず悲しい…。
- 変化があればすぐに連絡してほしい。

- 体調が悪くなることを心配しているのね。
- 具合が悪くなったら、すぐに対応できるように準備しておこう。

文例

Point!

今日1日の子どもの様子をくわしく伝える

心配しながら送り出した保護者の気持ちを察し、温かい言葉とともに、知りたいことを伝えます。

保育者より

今日は、おもに保育室で絵本を読んだり、ぬいぐるみで遊んだりしながら、静かに過ごしました。午前中は少しだるそうな様子でしたが、つらそうな表情はありませんでした。❶食欲もそこそこあり、給食は半分くらい食べました。昼寝のあとに検温したところ、平熱だったのでホッとしました。夕方には少し元気が出たようで、おだやかな表情でした。おばあ様も、とても心配されたでしょうね。❷だいぶ体調も戻ったようですが、今晩もゆっくりと休んで、明日にはまた元気な顔を見せてくださいね。どうぞお大事に。

ココに注目!

1 給食を食べた量、検温の結果、夕方の様子など、園で子どもの健康状態を常に見守っていたことが分かるように説明します。

2 快復を願っていることを伝えます。

コレはNG

「ご心配のとおり、一日中元気がありませんでした」

本当は家でゆっくり過ごさせたいが、それができないから、仕方なく園に預けているのです。体調のよくない日に園に預けたことを非難されているように感じる書き方です。もっと保護者の気持ちに寄り添う内容にするべきでしょう。

第1章 健康と安全

園生活
....
健康と安全

食品アレルギーに対応してもらえますか?

保護者より

今月よりお世話になります。早めにお伝えしておきたいのですが、〇〇には卵とそばのアレルギーがあります。給食やおやつのときは、除去

食などの対応をお願いできますでしょうか。以前に、じん麻疹が出て大変な思いをしました。よろしくお願いします。

保護者の気持ち ≫≫≫

- アレルギーが出たら大変！きちんと対応してもらわないと。
- 命にも関わるのでしっかり管理してもらいたい。

保育者の理解

- 園がどこまで対応できるのか、知りたいのね。
- 以前にトラブルがあったのね。慎重な対応を望んでいるんだわ。

Point!

一緒に子どもを守る姿勢を伝える

園で行っている対応を具体的に説明し、保護者にも協力を求めます。

保育者より

入園おめでとうございます。食べものにアレルギーをおもちとのこと、承知いたしました。

本園では、卵、乳製品、種実類(落花生、ごまなど)、そばの4種類を除去した、食べものアレルギー対応給食を実施しています。別調理は行っておりません。毎月の献立表には物資配合表も付けておりますので、ご確認ください。そばなどがメインの日には、お弁当を持参していただくことがあるかもしれませんが、ご協力いただけたら幸いです。ご心配のことと思いますが、気になることがあればすぐにお声かけしますね。一緒に取り組んでいきましょう!

ココに注目!

1 まずは子どもの入園を喜び、アレルギーについて理解したことを伝えます。

2 園で行っていること、行えないことをはっきりと示します。そして、保護者にも献立表のチェックをお願いします。

コレはNG

「個別に対応しておりますので、ご安心ください」

丸ごと引き受けてしまうと、保護者のチェックする目が減ってしまう分、どうしてもリスクは高まります。保護者と保育者が共同で子どもを守る体制を築くことが重要です。園ではどこまで対応できるかを明確に説明し、慎重に対応しましょう。

園生活

健康と安全

けがをしていましたが何かご存じですか?

保護者より

どういう状況でけがをしたのか、分かる範囲でかまいませんので、教えていただきたいです。

1 お風呂に入ろう
うん

2 イタタッ…
どうしたの?

3 転んだの?先生には言った?
うん…

4 子どもの話だけだと分からない 転んだときの状況を先生にも教えてもらおう

保護者の気持ち

- けがをしたことを知らないなんて、うちの子をちゃんと見ていないのでは?

>>>

保育者の理解

- けがのことを伝えなかったので、園に対して不信感をもたれたのね。

文例

Point! **まず園の非を詫び、状況を説明する**

保護者のお怒りはもっともで、丁重に謝罪する必要があります。けがをしたときの状況をくわしく伝えます。

保育者より

ひざのけがのこと、お迎えの際にお伝えするのを忘れてしまい、大変申し訳ありませんでした。昨日の午後、園庭で遊んでいたときに、○○ちゃんが築山のあたりで転んでしまいました。そばにいた△△先生が、すぐに職員室で消毒をしましたが、幸いにも血は出ていなかったので、ばんそうこうは貼らなかったとのことです。遅番の先生にも伝えたのですが、お迎えの際にお話しするのを忘れてしまったようです。本当に申し訳ございません。今後はこのようなことがないよう、職員間でしっかり連携をとってまいります。

ココに注目!

1 園側の落ち度を認めて謝罪し、誠意ある態度を見せます。けがは連絡帳だけでなく、直接伝えるのが原則です。

2 けがをしたときの状況をくわしく知らせます。

コレはNG

「遅番の先生には伝えたのですが、言いませんでしたか?」

すべてを遅番の先生の責任にして、自分には落ち度がなかったと言わんばかりの記述です。このような不誠実な対応では、園全体の姿勢が疑われます。まずは誠実に謝罪します。大切なお子さんを預かっている責任を自覚しましょう。

園生活
....
健康と安全

年齢 ▶ 0 1 2 3 4 5 歳児

風邪をひいているので薬を飲ませてください。

 **保護者より**

元気だけが取り柄の〇〇ですが、昨日の夕方から鼻水が出るようになりました。風邪をひいてしまったのかもしれません。昨夜と今朝、市販の子ども用風邪薬を飲ませました。毎食後に飲ませなければいけないので、給食のあとに飲ませてくださいますか？

 保護者の気持ち >>> **保育者の理解**

- 保護者代わりなんだから、当然やってくれるわよね。
- これ以上体調が悪くなっては困る。決められた時間に薬を飲ませてほしい。

- 薬を飲ませることを、安易に考えているのね。
- 園での投薬に関する、正しいルールを理解してもらう必要があるわ。

Point!
投薬は医療行為であることを知らせる
園で薬を飲ませるためには、「投薬指示書」が必要であることを丁寧に説明します。

保育者より

風邪の症状、心配ですね。できる限りのお世話をさせていただきたいのですが、薬を飲ませることは医療行為に当たるため、園では市販薬の投与ができません。ただし病院で処方された薬の場合、入園時にお配りした資料にありますように、医療機関からの「投薬指示書」のご提出があれば、投薬することができます。

手続きが面倒で申し訳ありませんが、事故を防ぐための大切な規則ですので、ご理解ください。〇〇くんの風邪、早く治るとよいですね。

ココに注目!

1 園では市販薬の投与が禁止されていることを明言します。

2 どのような手続きを取れば、園で子どもに薬を投与できるかについて、くわしく説明します。

コレはNG

「規則なので、できません」

規則であるという一点張りでは、相手は冷たい対応だと感じます。希望に添えないことを申し訳なく思う気持ちも伝えたいものです。しかし法的に定められていることなので、これを機会にしっかりと理解してもらいます。

園生活
‥‥‥‥‥‥
健康と安全

このところ便秘ぎみで うんちが出ていません。

保護者より

このところ、3日間くらいうんちが出ていません。
本人も、ときおり「おなかが痛い」と言って、
なかなか上手に出せない様子です。うんちが硬
いようで、気になってい
ます。園での様子は、ど
うでしょうか？一度、病
院に行ったほうがよいの
でしょうか？

保護者の気持ち ≫≫≫

- 気がつくと何日もうんちが出
ていない。硬いせいかしら？
- 痛がっていて、かわいそう。
何とかしてあげたい。

保育者の理解

- うんちが出にくくて困ってい
るのね。
- 決まった時間にトイレへ行く
習慣は身に付いているかな？

文例

Point!

めざせ！バナナうんち

食育は食べることだけでなく、出すこともセットで考えます。家庭と園で連携して取り組みましょう。

保育者より

便秘でお困りのようですね。食の細い子は3、4日に1度くらいと、人によって排便間隔はさまざまですが、腹痛があるのは心配ですね。

うんちが硬いなら、水分不足かもしれません。子どもは思いもよらない場面で大量の汗をかき、脱水傾向になる場合があります。❶園でもこまめに水分補給するように声をかけますね。硬いうんちで肛門が傷ついて痛い思いをすると、うんちを❷したくないという気持ちにもなるようです。イモやヨーグルト、納豆などもお勧めですが、あまり痛むようなら病院でご相談くださいね。

ココに注目！

1 園でも子どもの様子を見守り、声をかけることを伝え、安心してもらいます。

2 子どもの気持ちに寄り添いつつ、うんちが出せない悪循環になっている可能性を示します。

コレはNG

「水分不足と偏食のせいでは？」

一見、分析的なようですが、保護者の心配する気持ちをくんでいない冷たい表現です。園でもできることはないか考え、寄り添いたいものです。この相談をきっかけに、クラスでも食育の実践を考え、園全体でも取り組めるとよいでしょう。

園生活
....
健康と安全

園から帰ってくるとずっと寝てばかりいるのですが…。

保護者より

○○は園の帰り道、いつも眠そうです。帰宅すると、すぐに寝てしまいます。帰宅後の睡眠から目覚めても、食事が終わるとまたすぐに就寝します。たっぷり昼寝もしているのに…。こんなに寝ていて大丈夫でしょうか？起こそうかな、とも思うのですが、疲れているのでしょうか？

保護者の気持ち　>>>>

● 寝てばかりで心配。園では本当に昼寝できているのかしら？

● ほかの子はどれくらい寝ているのかしら？うちの子は寝すぎかも…。

保育者の理解

● 園でちゃんと昼寝ができているのか気になっているんだわ。

● 過眠なのではないかと心配しているのね。

文例

Point!

1人1人のリズムを把握して

睡眠は子どもの成長をうながすための大切な時間であることを伝え、家庭での様子を丁寧に確認します。

保育者より

園からの帰り道、お母様にやさしく抱きしめられて心地よく、安心して入眠する様子が伝わってきました。また、ご家庭でも安心して眠りやすい環境があるのですね。個人差はありますが、1日の合計睡眠時間は、3ヵ月までは15〜18時間。4ヵ月〜1歳2ヵ月頃までは12〜15時間です。お母様がお忙しい中で、ご家庭での就寝、起床時間、夜泣きの有無などを丁寧にお伝えいただいたおかげで〇〇ちゃんのリズムを把握できました。どうぞご安心ください。〇〇ちゃんの成長を一緒に見守り、育てていきましょう。いつでもご相談をお待ちしています。

ココに注目!

1 保護者の質問に具体的にこたえて不安を和らげます。

2 保護者から気軽に相談できるような信頼関係を構築できるよう「いつでもご相談を」と記載しましょう。

コレはNG

「子どもは寝ることが仕事です」

保護者は自分の子どもが寝ばかりいることを心配しているのです。これでは単なる気休めととられ、「真剣に受けとめてもらえない」と思われます。文面でのやり取りに加えて送迎時の言葉がけも誠意をもってサポートしましょう。

家庭生活

子育ての悩み

卒乳したいのですが、よい方法はありますか?

保護者より

もう1歳2ヵ月を過ぎたので、そろそろ卒乳させたいと思っています。でも、○○はおっぱいが大好きです。少しずつ減らそうとしているのですが、泣かれてしまうと、ついかわいそうになり、あげてしまいます。卒乳できるよい方法があったら、教えてください。

保護者の気持ち >>>

- 保育のプロなんだから、よい方法を知っているはずだわ。
- 子どもの気持ちにはこたえたいけれど、甘やかすのもよくないわ。よい解決策がないかしら?

保育者の理解

- 卒乳がうまくいかなくて、悩んでいるのね。
- 自分が子どもを甘やかしているんじゃないかと、心配なんだわ。

文例

Point!

自然卒乳の考え方を知らせる

卒乳は、母親と子どもの両者が合意のうえで、計画的に行うように勧めます。

 保育者より

そろそろ卒乳を考える時期ですね。母乳の栄養学的断乳は9ヵ月、心理学的卒乳は2〜3歳と言われています。❶ つまり1歳を過ぎると、おっぱいは栄養としてではなく、精神安定剤としての役割が大きくなるのです。○○くんがおっぱいを求めているなら、それはまだ必要という合図なので、十分に甘えさせてあげてくださいね。

❷ そして○○くんの心が満たされているときに、いつかはおっぱいを卒業することについて、話してください。少しずつ理解できるはずです。○○くんが納得して卒乳できるよう、あせらず心の成長を見守っていきましょうね。

ココに注目!

1 1歳を過ぎても心の面ではおっぱいが必要な場合があると知らせます。

2 子どもへの卒乳のうながし方を具体的に説明し、一緒に見守ることを伝えます。

 コレはNG

「いつまでもあげていると、自立心がない子に育ちます」

無理な卒乳は子どもを不安にし、ますますおっぱいにしがみつかせます。また、十分に甘えて育った子どもほど、ゆくゆくは自立心のある人間に育つものです。先を見据えたアドバイスを心がけましょう。

家庭生活
⋯⋯⋯⋯⋯
子育ての
悩み

「お姉ちゃんとおそろいが よい」とゆずらず…。

 保護者より

今日は「お姉ちゃんとおそろいの服を着ていく」と言って
聞きませんでした。寒いので、厚手のセーターも持たせます。

1 お姉ちゃんと同じトレーナーがいい！

2 今日は寒くなるから、もっと暖かい恰好で行こうね　いやだ！

3 もう行く時間だし、このままでいいかしら

4 念のため厚手のセーターを入れておこう

保護者の気持ち ＞＞＞ 保育者の理解

- 寒いからダメだと言ったのに、仕方ないわね。
- 何でもお姉ちゃんのまねをしたがって困る…。

- お子さんの主張を受け入れてくれたのね。
- 寒くて体調をくずさないか心配なんだわ。

文例

Point! 自分の思いを主張した子どもの育ちを認める
子どもの思いを受け入れた保護者を認め、厚手のセーターは保護者の愛情であることに理解を示します。

 保育者より

○○ちゃんは、お姉様のことが大好きなのですね。かわいいオレンジ色のトレーナー、よく似合っていました。❶午後、お散歩に出かけるときは少し寒そうだったので、保育者が「オレンジ色のトレーナーさんも寒いって言っているから、うえにこのセーターを着ようか」と言ったら、すんなり着てくれました。また、まわりの友だちも「寒くない？」と気にかけて、○○ちゃんはみんなのやさしさを感じ取っているようでした。❷着るものにも好みを主張するようになったのは、成長の表れですね。自分の意見をもち始めた○○ちゃんに期待しています。

ココに注目!

1 セーターをどのように活用したのか、実際の子どもの様子を交えて伝えます。

2 今回の自己主張は「成長した姿」であることを示し、保護者が今日のできごとを肯定的にとらえられるように導きます。

コレはNG

「トレーナーだけでは寒かったので、セーターを着せました」

保護者の行いはわがままを許しただけだと指摘しているようで、保護者は少なからず気分を害すでしょう。保護者の気持ちをくんだ書き方を心がけましょう。セーターを着たときの様子を知ることで保護者も安心できるでしょう。

家庭生活

……………………

子育ての悩み

何でも自分でやりたがり、できないと大泣きします。

保護者より

〇〇は、好奇心が旺盛で、何でも自分でやりたがります。うまくいけば満足そうにニコニコしていますが、うまくできないとイライラして奇声を発したり、大泣きしたり、大さわぎに…。やりたがるからといって何でもやらせるのは、よくないのでしょうか？

保護者の気持ち >>>

- すぐにパニックを起こすこの子と、どうやって付き合えばよいのかしら？
- 甘やかすのはよくないわ。何かよい解決策がないかしら？

保育者の理解

- パニックになるお子さんの姿に、お母様自身もあわててしまうのね。
- どんな風に対応したらよいのか分からなくて、困っているんだわ。

文例

Point! 子どもの意欲を大切にして支える

子どもがパニックになった場合の、保護者の対応について、丁寧にアドバイスをします。

 **保育者より**

❶ 自分から何かをやってみようとするのは、主体性の芽生えです。できるだけさせてあげたいですね。ただ、はじめてのことは、うまくいかなくて当然です。そんなときは、❷「1人でここまでできたのね。えらいなあ!」と、途中まで取り組めたことをほめてあげてください。そして、「ここからはむずかしいから、ママがお手伝いするね」と言って、笑顔で手を貸しましょう。

これから少しずつできることが増えていくのは、〇〇くんにとっても、お母様にとっても、大きな喜びになるでしょう。わたしも〇〇くんの成長を応援しています!

ココに注目!

1 自分の力でやってみることの重要性について述べます。子どもの今の姿は、好ましい姿であることを伝え、安心してもらいます。

2 うまくいかなかった場合の援助方法についてくわしく記します。

コレはNG

「できないときは、すぐ手を貸しましょう」

子どもの成長についての説明がありません。子どもの困った行動を封じ込めることが、アドバイスの目的になってはいけません。子どもがパニックになったとき、子どもはもちろん保護者も困っています。保護者の気持ちに寄り添いましょう。

家庭生活
....
子育ての悩み

まわりの子より言葉の発達が遅いのでは?

保護者より

お迎えに行くと、○○と同じクラスの友だちがたくさん話しかけてくれます。おしゃべりが上手にできるんですね。○○は、自分から話すことがほとんどなく、まわりの子たちよりも言葉の発達が遅いのではないかと心配しています。先生は、どう思われますか?

保護者の気持ち　>>>>>

- うちの子だけ、遅れているんじゃないかな…。
- 園生活で先生が気付いたことがあれば知りたい。

保育者の理解

- ほかのお子さんと比べて、言葉の遅れがあると感じているのね。
- 言葉がなかなか出ない原因について、園での様子を知りたいんだわ。

文例

Point! 言葉の発達には個人差がある

まったく話せないわけでなく、必要なことは話せているという事実を伝え、安心してもらいます。

保育者より

言葉の発達について、心配されているのですね。〇〇くんは、たしかに口数は多いほうではありませんが、日常生活で必要なことはきちんと話していると感じています。

言葉の発達は個人差が大きく、あまり話さなかったお子さんが、とつぜんしゃべり出すということもよくあります。

〇〇くんも今、お父様や友だちが話す言葉を聞いて、自分の中にためている時期ではないかと思います。たくさんお話ししてくれるときを楽しみに、温かく見守っていきましょう。わたしのほうからもまた、「こんなことを話してくれましたよ」とお知らせしますね。

ココに注目！

1 子どものふだんの様子を客観的な事実として伝えます。保育者は、問題があるとは感じていないことを伝え、安心してもらいましょう。

2 言葉の発達に関する正しい知識を提示します。

コレはNG

「とくに心配ありませんよ。1人1人の個性ですから」

根拠もなく心配ないと言われても、保護者は納得できません。保育者にとっては発達が早い子、遅い子、いろいろな子がいて当然ですが、保護者は我が子に問題はないか、不安に感じているのです。

第1章 子育ての悩み

家庭生活

子育ての悩み

いつも1人で遊んでいるようですが…。

保護者より

先日、保護者参観で○○の様子を見て、心配になってしまいました。ほかの子は、友だちや先生と楽しそうに遊んでいるのに、○○はずっと1人で遊んでいるのです。いつも1人でいるのでしょうか?孤立する子になってしまうのではないかと、不安です。

保護者の気持ち ≫≫≫

保育者の理解

● どうしてうちの子だけ友だちができないの?性格に何か問題があるのかしら?

● このままでは今後の集団生活も心配だわ。

● このまま友だちができないのではないかと、心配しているのね。

● 日頃の園での様子や、対応を知りたがっているのね。

文例

Point!

成長の一段階であることを伝える

今は1人でじっくり遊ぶことを大切にしたい時期であると、保育者の知識と経験を交えて説明します。

保育者より

○○ちゃんが1人で遊ぶ様子をご覧になって、心配になられたのですね。❷わたしは、○○ちゃんは自分の遊びを自分で作り出し、それを楽しむ力を育んでいるところだと感じています。今は、その力を十分伸ばし、その面を満足させることが大切だと思います。4・5歳になれば、自然に友だちと遊べるようになりますので、安心して温かく見守ってくださいね。

また、○○ちゃんはまったく友だちに興味がないわけではありません。降園のときに友だちが忘れたタオルを届けたり、会話を交わしたりと、自然に関わっていますよ。

ココに注目!

❶ 保護者の悩みを受けとめたことを伝えます。

❷ 子どもの成長段階をどのようにとらえているか、保育者としての見方を伝え、「今は1人遊びを充実させることが大事」ということを記します。

コレはNG

「無理やり一緒に遊ばせても逆効果です」

どうすることもできないと言われているのと同じなので、保護者の不安はますます増幅します。結論だけを述べるのではなく、今がどのような成長段階なのかくわしく説明しながら、理解を得る必要があります。

家庭生活

子育ての悩み

集中力がなく飽きっぽいのですが…。

保護者より

○○は、集中力がないのか、何をしていてもすぐに飽きてやめてしまいます。このままで大丈夫でしょうか？

保護者の気持ち ≫≫≫ **保育者の理解**

- こんなに飽きっぽくて、この先、大丈夫かな？
- 集中力を身に付けさせるためには、どうしたらよいのかな？

- 飽きっぽいことを問題だと感じているのね。
- どうしたら集中できるか知りたいのね。

Point! ともに「努力する姿」を認めようと誘う

見えない努力を認めることが子どもを粘り強くし、集中力の向上にもつながることを理解してもらいます。

保育者より

○○くんは、いろいろなことに興味がもててよいですね。どんなことにも取り組める行動力は、すばらしいと思っています。ただ、お父様が心配していらっしゃる集中力に関しては、わたしも○○くんの次の課題だと感じていました。壁を乗り越えたときに味わえる充実感や達成感を、○○くんにもぜひ味わってほしいと願っています。

園では、集中力や継続力を育むために、結果よりも「努力し続ける姿」を大切にして、認めるようにしています。ご家庭でもぜひ、挑戦しようとしている○○くんに「がんばっているね！」などと声をかけてくださいね。

ココに注目！

1 子どものよいところを取りあげて高く評価し、あともう一歩の部分は保育者側も次の課題として受けとめていることを伝えます。

2 おしつけにならないように配慮して、ともに同じ方針で対応する提案をします。

コレはNG

「同感です。もっと粘り強く取り組んでほしいですね」

保護者の悩みに共感を示すのはよいことですが、ただ同調するだけでは解決につながりません。保護者と同じように真剣に課題として受けとめたうえで、今後の具体的な方針を示しましょう。このとき、子どもの「よいところ」を見逃さないでください。

家庭生活

子育ての悩み

子どもの好奇心をどこまで許してよいのでしょうか?

 保護者より

○○は、最近いろいろなことに興味があるようです。この前も、水道の蛇口から水滴が落ちたり、手を洗うときにしぶきが飛び散ったりするのがおもしろかったようで、洗面所で遊び始めてしまいました。どこまで許して、どこから叱ったらよいのか分からず、困っています。

 保護者の気持ち >>> **保育者の理解**

● 好奇心なのか、ただのいたずらなのか、どう判断したらよいのかな?

● 興味をもつのはよいことだけど、ちゃんとルールも身に付けてほしい。

● お子さんが興味を広げる姿に、とまどっているのね。

● 好奇心を育みたい反面、しつけもしなくてはと悩んでいるのね。

文例

Point! 叱らずにすむ対応の仕方を伝える

興味をもって探索する姿は大切であることを伝え、保護者が困らない遊び方も具体的に提案します。

 保育者より

○○くんは今、水に興味をもっているのですね！ そんな○○くんの気持ちを尊重して、水と関わる経験を大事にされるお父様の姿勢は、とても素敵だと思います。

しかし、床や服を水浸しにしたり、水を使いすぎたりするのは、困りますよね。そんなときは、お風呂場やベランダに水を入れた小さいプールやバケツを置いてみてはいかがでしょうか。水がこぼれてもよい場所なら、○○くんも思いきり遊べますし、お父様も安心ですよね。興味があることを存分に追究する経験は、○○くんの知的好奇心をさらに高めてくれるはずです。

第1章　子育ての悩み

ココに注目！

1. 保護者の対応のよい点を認め、同時に、保護者が困っていることにも共感を示します。

2. 子どもが存分に遊べる環境を作ることを提案します。

 コレはNG

「使う水の量を決めさせては？」

叱る、叱らないの境界線を定めたり、その場限りのルールを決めたりすることが大切なわけではありません。好奇心を発揮しようとする子どもと今後どのように関わっていけばよいのか、アドバイスすることが重要です。

家庭生活

子育ての悩み

わがままなうちの子、友だちと遊べていますか?

保護者より

〇〇は、ほしいものは絶対に手に入れようとするし、いやなことはいやとはっきり言う性格です。友だちとけんかになることも多く、最近は「友だちがいなくなるよ」と、自分をおさえることを教えていますが、なかなか直りません。どうしたらよいでしょうか?

嫌い!

保護者の気持ち >>>

- このわがままな性格は、ずっと直らないのかしら?心配だわ。
- 友だちを思いやるなど、よい友だち関係を築くにはどうすればよいのかしら?

保育者の理解

- このままではいけないと、心配しているのね。
- この先の集団生活で友だちと仲良くやっていけるか不安なんだわ。

文例

Point! 子どもの育とうとしている姿を伝える

「自分の言動で友だちがいやな思いをする」ということに、子ども自身が気付き始めている姿を伝えます。

 保育者より

○○ちゃんは、自分の思いをのびのびと表現できるので、そこが魅力だなといつも感じています。❶おっしゃるとおり、次は相手に配慮した言動を学ぶ段階ですね。ただ最近、○○ちゃんは、相手の気持ちに気付き始めているようです。確実に成長していますよ。

園ではトラブルのあとに、「どうすればよかったか」を一緒に考え、人との付き合い方を学んでいます。❷ご家庭でも、相手を困らせてしまったときは一緒に考え、相手に思いやりを示せた場面ではほめてあげてください。毎日の積み重ねが、配慮する行動へとつながるはずです。

ココに注目!

1 園でも同じことを課題として感じていることを素直に書きます。

2 相手の気持ちを考えることで、自分の言動を振り返り、思いやりのある行動につなげる指導方法を紹介します。

 コレはNG

「こちらも困っています。ご家庭でしっかり指導してください」

責任を放棄するようなもの言いになっては困ります。個性を認め1人1人の成長を見守るのが保護者の仕事です。家庭と連携して、子どもの成長にとってよりよい環境を作るための指針を示さなくてはなりません。

家庭生活

子育ての悩み

わたしの言うことをなかなか聞いてくれません。

 保護者より

口答えが多くて困っています。先生の言うことは守っているようですが、わたしの言うことは聞かず、悲しいです。

 保護者の気持ち >>>

- うちの子はわたしより先生を信頼しているのね。先生に負けたみたいでくやしい！

 保育者の理解

- お子さんの成長にとまどい、保護者としての自信が揺らいできているようだわ。

文例

Point!

口答えできることは成長の証だと伝える

口答えが始まったのは、言葉が発達してきた証です。
その成長をともに喜びましょう。

保育者より

○○ちゃんはお母様のことが大好きですよ。園ではいつも、お母様との楽しい様子を聞かせてくれます。口答えが多くなったのは、成長した証拠です！それだけものごとが分かってきて、考えて言葉で伝えられるようになったということですよ。

でも、毎回口答えされるのはストレスがたまりますよね。そういうときは、言うことを聞かせようとするより、「○○ちゃんはどうしたらよいと思う？」と意見を求めるとよいかもしれません。○○ちゃんは何でもよく考えているので、よい提案ができると思いますよ。

ココに注目！

1 自信が揺らいでいる保護者に、園での様子から分かる子どもの気持ちを伝え、安心してもらいます。

2 保護者が子どもとどのように接したらよいか、具体的に示します。

コレはNG

「もっと気持ちをくんであげれば、言うことを聞きますよ」

保護者の言い方や態度がよくないからだと、非難しているように取られてしまいます。保育者をライバル視する傾向をもつ保護者には、うえからものを言う態度だと、心情を逆なでしてしまうでしょう。

家庭生活

子育ての悩み

園で何をしたのか話してくれません。

保護者より

〇〇は毎日喜んで園に通っています。ただ、最近、気になることがあります。園では楽しいイベントがたくさんあったはずなのに、「今日はどうだった？」と聞いても、「忘れた」と言って、ほとんど話してくれません。男の子って、みんなこうなんでしょうか？

保護者の気持ち ＞＞＞

保育者の理解

保護者の気持ち	保育者の理解
● うちの子はわたしと話すのがいやなのかしら？	● ずいぶんと淋しい思いをしているのね。
● どうしていつも忘れちゃうのかしら？もしかしていやなことがあった？それともみんな、こんなものなの？	● 子どもからどんなことがあって、どんな気持ちになったのか聞きたいのね。

文例

Point! 子どもがこたえやすい質問の仕方を提案する
子どもにとって負担にならず、こたえやすい質問の仕
方を具体的に提案します。

 保育者より

❶ ○○くんが喜んで登園してくれていること、とてもうれし
く感じています。また、いろいろな活動にも意欲的に取り
組んでいるので、それを話してくれないのは、残念！お母
様も淋しいですよね。

もしかすると○○くんは、今日のできごとをすべて話さな
ければいけないと思い込み、面倒だと感じているのかもし
❷ れません。「今日やったこと、1つだけでいいから教えて」
と聞いてみたらどうでしょうか。また、「△△くんは何し
てた？」など具体的にたずねれば、気楽に話せるかもしれ
ません。リラックスしているときに、聞いてみてくださいね。

ココに注目！

1 子どもは園で生き生きと活
動していることを伝え、安
心してもらいます。

2 子どもの負担にならない質
問の仕方と、問いかけるタ
イミングを具体的にアドバ
イスします。

これはNG
「これくらいの年齢の男の子は、
みんなそうですよ」

保育者が本当に知りたいのは、わが子
のこと。一般論で安心させようとして
も、解決にはなりません。また、子ど
もは言葉の発達が未熟で、説明がうま
くいかない場合もあります。連絡帳に
ご家庭での会話のきっかけになりそう
なエピソードを書くとよいでしょう。

第1章 子育ての悩み

家庭生活

子育ての悩み

進級することが
プレッシャーのようです。

保護者より

最近、○○に元気がありません。理由をたずねると、「年長さんになったら、下の子の面倒を見てあげないといけなくて、大変なの」と、進級することがプレッシャーになっているようです。小学校へあがるときにも、また落ち込んでしまうのではないかと思うと、不安です。

保護者の気持ち >>>

- うちの子をそんなに追い詰めないでほしいわ。
- 何か不安に感じるきっかけがあったのかしら？

保育者の理解

- 事実をしっかりと受けとめて、対処しなくては。
- どんなことをプレッシャーに感じているのかな？

Point!

悩みを理解し、全力で援助することを伝える

子どものよい性格が、今回はマイナスに表れているかもしれないことを伝えます。

保育者より

❶ ご家庭での様子をお知らせいただき、ありがとうございます。そんなにプレッシャーを感じているとは気付きませんでした。

❷ ○○くんは、慎重で堅実な性格ですので、すべてをきちんとやらなければと思っているのでしょうね。いつも責任感をもって、ものごとに向き合う姿には感心させられます。これから新しく取り組むことについては、わたしから1つずつ伝えるようにして、できるだけ心の負担にならないように、配慮いたしますね。

環境の変化に敏感なのは、感性が育っている証拠です。5歳児になり、さらに成長する○○くんに期待しています。

ココに注目!

1 悩みを打ち明け、家庭での子どもの姿を知らせてくれたことに感謝します。

2 プレッシャーを感じる理由を解明します。今回、子どものよい面から生じたできごとであることを伝えます。

コレはNG

「心配症なんですね。でも、大丈夫ですよ」

軽くあしらわれた感じがして、保護者は不愉快になります。保育者が大丈夫だと思っていても、根拠を示して説明しなければ、保護者の不安は消えません。大切なのは、不安に感じている子どもの気持ちに寄り添うこと。連絡帳でサポートしましょう。

家庭生活
....
子育ての悩み

夜、なかなか寝ないで困っています。

保護者より

夜、20時には電気を消して、布団に入るようにしていますが、体力がまだまだ有り余っているようで、しばらく寝ません。布団のうえで飛び跳ねたり、歌を歌ったりと、大さわぎ。けっきょく眠るのは21時半頃です。わたしのほうが、疲れて先に寝てしまいます。

保護者の気持ち　>>>>

● 寝かせようとがんばっているのに、なかなか効果が出ない。

● 園でもっと体力を使う遊びをたくさんしてもらいたいわ。

保育者の理解

● せっかく努力しているのに無力感を感じているのね。

● 園でも協力できるところはできるだけ期待にこたえよう。

文例

Point! **入眠儀式と寝かし付けを習慣に**

毎日同じルーティンで寝かし付けることで、体のリズムが作られることを伝えます。

保育者より

20時に電気を消す努力をされているのはとてもよいですね。子どもは放っておいても寝ません。「寝かし付け」が必要です。19時半には電気を暗めにして、パジャマに着替えて歯磨きをして…と入眠の準備を始めましょう。毎日、同様にくり返すことで体のリズムができます。

朝は何時に起きますか？　30分早めに起こすのもよいかもしれませんね。

園でもクタクタになるくらい運動的な遊びをしてみますね。読むと子どもが眠くなる絵本なども出版されているので、試すのもお勧めです。

ココに注目！

1. 早寝早起きの習慣を身に付けたいと努力している保護者を認め、ねぎらいます。

2. 「体力が有り余っている」という問題をこちらで引き受け、存分に体を使って遊ばせられることを伝えます。

コレはNG

「それならば、21時に電気を消すようにしてみてはいかがですか？」

布団に入るのが21時半頃ならば合理的なように思えますが、そうすると寝付くのは22時半頃になってしまうでしょう。体のリズムを作ることが大切です。歌ったりジャンプしたりするのはもっと早い時間帯に十分できるよう勧めたいものです。

第1章　子育ての悩み

家庭生活

子育ての悩み

お箸を使わせたほうが よいでしょうか?

 保護者より

○○は、食べるのがあまり上手ではありません。いつもボロボロとこぼしてばかりです。スプーンとフォークもまだ上手に使えていないのですが、そろそろ、お箸の練習もさせたほうがよいのでしょうか?本人はお箸に興味があるようなのですが、悩んでいます。

 保護者の気持ち　>>>>

- 子どもの思いを受けとめて、そろそろお箸を使わせたい。
- お箸の練習はどのタイミングで始めればよいのかしら?

 保育者の理解

- クラスの子がお箸を使い始めたので、あせっているのかな。
- 子どもの興味や関心を受けとめて、保護者と一緒に取り組もう。

文例

Point! 保護者との連携を図り、成長に合わせる

指使いの発達には個人差があります。園でも1人1人の成長に合わせて取り組んでいることを伝えましょう。

保育者より

❶ 園でも、友だちがお箸を使う様子を見て「お箸がいいな」と言い始めました。○○ちゃんも「自分で」という意欲が芽生えているので、その気持ちを大切にしつつ、メニューによっては食べにくいものもあるので無理をせず、楽しく食事ができるようにしたいと思います。スプーンの3点持ちも上手になったので、園で○○ちゃんに話している持ち方や言葉かけを、お迎えのときにお母様にお伝えしますね。❷ 目と手の協応動作がつながるようになり、握力も付いてきました。ゆっくり始めていきましょう。

ココに注目!

1 保護者や子どもの気持ちを受けとめる姿勢を伝えます。

2 子どものやってみたい気持ちと体の発達状況を踏まえて、取り組む姿勢を伝えます。

コレはNG

「指先を鍛えるためにもお箸を使わせましょう」

無理にお箸を使わせるのは、保護者と子どもにとってプレッシャーになります。無理強いするようなことは、連絡帳に書かないように。スプーンやお箸を上手に持つためには手先を上手に動かす力が必要です。成長に合わせて、あせらず指導します。

家庭生活

子育ての悩み

かんしゃくがひどく、対応に困っています。

 **保護者より**

イヤイヤ期なのか、〇〇のかんしゃくがひどくて、困っています。自分の思いどおりにならないと、ちょっとしたことで、すぐ泣いたり叫んだりします。手を貸しても怒るし、放っておいても泣くし、どうしたらよいのか…。毎日、わたしもイライラしてしまいます。

 保護者の気持ち >>> **保育者の理解**

- 子どものイヤイヤにどうしたらよいのか分からない…。
- いつまでイヤイヤ期が続くのか不安。イライラする自分もいやになるわ。

- かわいい我が子だからこそ対応に困っているのね。
- 園生活での保育者との関わりを伝えて、家庭でも活かしてもらおう。

文例

Point! 気持ちに共感し、園でのエピソードを添える

保育者の専門性で保護者のイライラが軽減し、肩の力が抜けるようなメッセージを。

 保育者より

○○くんは園で努力しているのでしょうね。お母様に甘えたいのかもしれません。❶ かんしゃくを起こして泣いたり叫んだりしたときは、子どもも泣き止むタイミングがうまく見つけられないことが多いものです。園では少しの間「ギューッ」をしたあと、背中をゆっくりさすりながら抱っこをして、多くを語らず受けとめます。落ち着いた頃に、「ブロックでもしようか」と切り替えます。抱っこをしているとこちらも心が落ち着きます。❷ 今夜は親子でよい夢が見られますように。明日も園でお待ちしています。

ココに注目!

❶ 園での様子も添えて、イヤイヤ期の子どもの気持ちを代弁しながら、実際の手立てを伝えます。

❷ また、何かあれば気軽に相談しようと思っていただけるように温かい言葉を書きましょう。

コレはNG

「園でもすぐに"いや"と言って困っています」

困っているのは保育者ではありません。子どもが困っているのです。自我の芽生えから葛藤がわき起こり、気持ちをコントロールできなくなっている子どもに寄り添う必要があります。子どもの気持ちを受けとめて、気持ちを切り替えられる配慮を。

家庭生活

子育ての悩み

赤ちゃん返りをしています。

保護者より

妹が産まれて、２ヵ月。最近〇〇が、自分ででき
ることをやらなくなったり、抱っこをせがん
できたりと、赤ちゃん返りをしています。相手
をしてあげたい気持ちは
あ り ま す が 、 わ た し も 産
後で疲れていますし、ど
うしても下の子のお世話
が優先になってしまいま
す。

抱っこして

保護者の気持ち >>> **保育者の理解**

- 今までできていたことをしな
  くなるなんて、信じられない。
- 赤ちゃんの世話で精一杯なの
  に、どうしたらよいの？

- うえの子の赤ちゃん返りに、
  どう対応してよいか分からな
  いのね。
- お母様は疲れ果ててつらい様
  子だわ。

文例

Point! 「愛している」をアピールする

自分より赤ちゃんが大事なんだと思っている子どもへ、「大好き」を伝えます。

保育者より

赤ちゃんのお世話で手いっぱいなところ、ご心配ですね。❶○○くんはお母様を赤ちゃんに取られた気がして、淋しいのですね。相手をする時間が取れなくても、❷「大好きだよ」とときどき抱きしめてあげてください。「赤ちゃんのお世話があって、今までみたいにできなくてごめんね」「だんだん自分のことが自分でできるようになる○○を、えらいなあと思って見ているよ」と、手はかけられなくても目をかけて言葉で伝えることで、○○くんは愛されていると感じられるでしょう。たまにはお手伝いもお願いして頼りにしてあげてください。

ココに注目!

1. 保護者の心配を丸ごと受けとめ共感します。

2. 赤ちゃんが寝ている間など、少しの時間でもよいから具体的に行動できることを明確に示します。

コレはNG

「赤ちゃん返りは下の子が生まれたらよくあることです」

保護者は世の中一般の動向が知りたいのではなく、目の前のわが子に対してどうすればよいのかを悩んでいるのです。淋しさを抱えている子どもの気持ちを伝え、どのように愛情表現すればよいのかを具体的に示すべきでしょう。

子どもの興味にどこまでつき合えばよいですか?

 保護者より

○○は、ごっこ遊びが大好きです。家にいるときは、いつもままごとや病院ごっこなどの遊びに付き合わされます。「パパ、○○と言って!」

○○やって!

「ちゃんとお客さんやって!」と、朝から晩まで続くので、疲れてしまいます。どこまでつき合うべきでしょうか?

 保護者の気持ち >>> **保育者の理解**

- 楽しくごっこ遊びができるのはよいことだと思うけど…。
- 何度も「これやって」と言われて疲れる…。

- 家でもごっこ遊びを楽しんでいるのね。
- つき合わされるお父様は、とても疲れているのね。

文例

Point! 子どもが納得できるラインを

まったくつき合わないわけでも、つき合い続けるわけでもなく、子どもが満足できるラインを探します。

保育者より

❶〇〇ちゃんは想像力豊かで、ごっこ遊びを発展させる能力もあり素晴らしいですね。かといって、四六時中つき合うのも大変なこと、お察しします。「パパは今、朝ごはんを作っているので、リモートでお願いします」と、体はキッチンにいて、声だけで対応する方法もあります。❷「わあ、楽しそうだからパパも入りたいんだけど、〇〇をしないと家族みんなが困るから、先にやっちゃうね。6時になったらお客さんになってもよい?」と、しっかり向き合える時間を伝えると、安心して待てるかもしれません。

ココに注目!

1 ごっこ遊びの大切さ、よさをまず伝え、子どもの育ちの姿を喜びます。

2 今すぐはできない理由を示すこと。そのうえで、しっかり向きあえるときを告げることを提案します。

コレはNG

「生きる力が育つ重要な遊びですから、極力つき合ってください」

保育者だって、つき合ったほうがよいことくらい分かっています。でもほかにしなければならないことがたくさんあるから困っているのです。無責任な回答が続くと、保護者からも「気持ちを分かってくれない」とクレームが入るかもしれません。

家庭生活

保護者の事情

いつも一言「元気です」。

保護者より

○○は、今日も元気です！

保護者の気持ち >>> **保育者の理解**

- いつも元気だから、とくに書くことないのよね。
- 書いてる時間がないの。

- 連絡帳の目的について、理解していないのかも。
- お忙しいのね…。

文例

Point!

連絡帳の目的をあらためて伝える

連絡帳を書く目的は、健康状態の確認のためだけではないことをさりげなく伝えます。

保育者より

❶ いつも元気で何よりです！○○くんは毎朝、人一倍元気にあいさつをしてくれるので、クラス全体がパッと明るくなり、本当にうれしくなります。

❷ ところでこの連絡帳は、朝の健康観察のためだけでなく、○○くんのよりよい育ちのために、ご家庭と情報交換をさせていただけたらという目的で書いております。

毎日でなくてもよいので、何かご家庭でのおもしろいエピソードなどありましたら、ぜひお書きください。楽しみにお待ちしております！

ココに注目！

❶ 連絡帳をあまり書かない保護者の場合、保育者が書いたものを読むことさえ負担に感じることもあるため、短い文章を心がけましょう。

❷ 何のために連絡帳を書くのか、その目的について簡潔に説明します。

コレはNG

「毎回これだけでは、○○くんについての情報が足りません」

保護者は、責められているように感じてしまいます。忙しい中、一言でも書いてくれていることへ感謝の気持ちを忘れないように。たとえば「飛行機雲を見つけて喜びました」などの些細なエピソードでも書きやすくなるように、うながしましょう。

家庭生活

保護者の事情

先生はお若いようですが何年目ですか?

 保護者より

こちらの園には、以前、うえの子もお世話になり、ベテランの△△先生に受けもっていただきました。どんなことにも慣れていらっしゃった

ので、安心してお預けすることができました。本当に感謝しております。ところで○○先生はまだお若いようですが、何年目ですか?

 保護者の気持ち　>>>　 保育者の理解

- わたしより年下かしら?頼りなさそうな先生だわ。
- 経験が少なそうで、指導力があるか心配だわ。

- わたしの経験が浅いことを、不満に感じているのね。
- 安心して登園してもらえるように、具体的で丁寧な連絡を心がけよう。

文例

Point!

ありのままの自分で誠実に対応する

経験年数を正直に伝えますが、そのことで詫びる必要はありません。保育者自身も成長していく存在です。

 保育者より

○○くんのお姉様も本園出身なのですね。園のことをよくご理解いただいているので、大変ありがたいです。

わたしは本園に勤務して、2年目です。この年齢のクラスを受けもつのははじめてなので、クラスが決まったときはドキドキしました。❷ 4月から、先輩方に教えてもらいながら、子どもたちと少しでもよい関わり方ができるように、今日まで精一杯努力してまいりました。

これからも、子どもたちの成長を間近で感じながら、喜びをもって関わっていきたいと思っています。お気付きのことがありましたら、いつでもお知らせください。

ココに注目!

1 質問に正直にこたえます。ベテランの保育者にも若い時代は必ずあります。

2 先輩の保育者に学びながら、日々努力していることを伝えます。前向きな姿勢はすがすがしいものです。

 コレはNG

「申し訳ありません。まだ2年目です」

経験年数が少ないことを謝る必要はありません。若い保育者には、ベテランとはまた違うよさがあるので、胸を張って取り組めばよいのです。だからと言って横柄な態度になっては困ります。ご指摘やご意見には、謙虚に耳を傾けましょう。

家庭生活

保護者の事情

今月は忙しいので お迎えが遅れます。

 保護者より

いよいよ12月になりました。家事に育児に仕事にと、めまぐるしい1年でした。そして、今月は1年で最も忙しくなる時期です。お迎えが、どうしても遅くなってしまう日もあるかと思います。後日、延長の手続きをさせていただきます。よろしくお願いします。

保護者の気持ち >>>

- 今月は特別なので、協力してもらえると助かるな。
- お迎えが遅くなることで子どもが不安にならないとよいけれど。

保育者の理解

- お迎えが遅れることに対して、理解と協力を求めているのね。
- 慣れない延長保育で、子どもの気持ちが乱れないか心配なのかも。

文例

Point! **保護者をねぎらい、サポートを約束する**
保護者をサポートすることも、保育者の仕事の1つです。理解を示し、協力することを伝えます。

保育者より

今月はお仕事が忙しくなるとのこと、お知らせいただきありがとうございます。❶延長保育の申込書類は事務室にございますので、お早めにお手続きいただけると助かります。なお、園では〇〇ちゃんが淋しい思いをしないように、全力で保育に当たってまいりますので、どうかご安心ください。また、今月はお迎えが遅くなる日があることについて、❷お父様から〇〇ちゃんに直接話してあげてくださいね。すぐには理解できないかもしれませんが、向き合って話をすることに意味があると思います。お父様も、健康にはお気をつけて、どうぞご無理をなさいませんように。

ココに注目!

1 保護者が延長保育の申し込みをしやすいように、手続きの方法を知らせます。

2 しばらくはご家庭で過ごす時間が少なくなることが予想されるため、意識的にコミュニケーションをとることを勧めます。

コレはNG

「かわいそうなので、お迎えの時間には遅れないでくださいね」

「1分たりとも遅れないで」という意味にも取れ、園の対応の冷たさを感じます。また、延長保育を申し込まざるを得ない保護者の事情、心情を軽視し、子どもを利用して規則を守らせようとするのはNG。保護者の気持ちに寄り添い、協力的な姿勢を示しましょう。

家庭生活

保護者の事情

保護者参観日にどうしても行けません。

 保護者より

来週の保護者参観日ですが、仕事を抜けることができず、参加できそうにありません。とても残念です。親子で一緒に活動をするようですが、〇〇が淋しい思いをするのではないかと、今から心配しています。田舎の母に、代わりに来てもらったほうがよいでしょうか？

 保護者の気持ち 〉〉〉

- わたしたちも本当は行きたいんだけど…。困ったわ。
- うちの子に淋しい思いをさせたらかわいそう。

 保育者の理解

- 不参加の場合、こちらがどのように対応するのか、知りたいのね。
- 保護者が来ない場合のお子さんの様子が心配なのね。

文例

Point!

参加できなくても問題ないことを伝える

当日は、保育者が保護者の代わりをすることを伝え、安心してもらいます。

保育者より

❶ 保護者参観日においでになれないとのこと、承知いたしました。

❷ 当日は、担当の保育者が「今日は1日、先生が○○ちゃんのママだからね」と伝え、そばに付く形を取りますので、ご安心ください。ほかにも、都合がつかない方はいらっしゃいますから、○○ちゃんだけが目立つこともありません。当日は、楽しい時間を過ごせるように、できる限り配慮いたします。

もし都合がよろしければ、おばあ様が代わりにいらっしゃるのも素敵ですね。でも、無理はなさらないでくださいね。お孫さんとの時間を楽しみに来ていただけるようでしたら、大歓迎です！

ココに注目！

1 不参加について了解したことを、端的に記します。むやみな共感は、参加できない残念な気持ちを増幅させるので慎みましょう。

2 園の対応について、保護者が安心できるように具体的に書きます。

コレはNG

「園での様子が分かる貴重な機会です。欠席は残念です」

できないことについて、あれこれ言われると悲しみがさらに深まり、保護者は追い詰められます。やむを得ず参加できないという保護者の気持ちをくみ取り、保育者が親身になって対応することを伝えます。

家庭生活

保護者の
事情

○○のことは先生に おまかせします。

保護者より

懇談会では、育児についてお話しいただき、ありがとうございました。わたしは勉強が苦手で、よく分からないところもありました。先生は保育のプロなので、全面的におまかせしています。○○のことは、先生の思われるとおりにやってください。よろしくお願いします。

先生
さすが！

保護者の気持ち 〉〉〉〉

- 先生にまかせておけば安心だわ。
- 先生の言っていることはむずかしくて、わたしにはできないかも。

保育者の理解

- 家庭では、きっと放任に近い状態なのね。
- 保育者に代理はできない、保護者ならではの関わりを理解してもらいたい。

文例

Point!
子どもは保護者を求めていることを伝える
保育者との関わりだけでは、子どもは健全に育たないことを丁寧に伝えます。

保育者より

先日は、懇談会にお越しいただきありがとうございました。また、説明が不十分で申し訳ありませんでした。

もちろん、園としては、これからも援助していきますが、同時にお母様にも関心をもって、〇〇くんに関わっていただけたらと思っています。〇〇くんはお母様が大好きで、できるようになったことや、遊んだことなどを、お母様にも見てほしい、聞いてほしいと望んでいます。お母様のまなざしは、子どもにとって、かけがえのないものです。

お子さんとの関わりは、お母様の喜びにもつながります。今の姿をしっかり見てあげてくださいね。

ココに注目!

1 まず懇談会参加へのお礼と、内容が伝わりにくかったことへのお詫びを伝えます。

2 子どもの教育を丸投げする傾向があるので、子どもは保護者との関わりを求めていることを強調し、その重要性について伝えます。

コレはNG

「まかせられても困ります。あなたのお子さんですから」

園にまかせられた子どもを受け入れず、保護者に押し返すような構図になっています。子どもがもののように扱われていて、温かさが感じられません。預かるからには責任をもち、子どもへの温かな対応を意識して。真摯に向き合います。

家庭生活
....
保護者の事情

いつも空欄で すみません…。

 **保護者より**

我が家は子どもが多く、毎日バタバタです。いつも空欄になってしまい申し訳ありません。園での様子が分かってうれしくなり、返事を書きたいと思うのですが、あっという間に家を出る時間に…。これからも、先生からの連絡帳は楽しみに読ませていただきます。

 保護者の気持ち >>> **保育者の理解**

保護者の気持ち	保育者の理解
● 悪いとは思うけれど、書くことを考えている時間がないのよね。	● 何を書けばよいのか、分からないのね。
● 何があったか具体的に、たくさん書かなければいけないのかしら？	● 書きたい気持ちはあるけれど、書く時間が取れない事実を伝えたいのね。

文例

Point! 保護者が迷わず書けるように導く

何を書くと情報交換となり、子どもの育ちに結びつくのかを伝え、書く内容で悩まないよう導きます。

保育者より

お返事をいただき、ありがとうございます！連絡帳を読んでうれしい気持ちになってくださるとのこと、わたしもうれしいです！お母様の文面から、子育てやお仕事に一生懸命に取り組んでいらっしゃる様子が伝わってきました。❶くれぐれも無理をなさらないように、お気をつけくださいね。❷連絡帳には、ときどきでかまいませんので、〇〇ちゃんが言ったかわいい一言や、おもしろいエピソードなど、何でも書いていただけると、ご家庭での様子が分かってありがたいです。その発見が、きっとお母様にとっても喜びになると思います。楽しみにお待ちしております！

ココに注目！

1 日々の保護者としての苦労をねぎらいます。

2 連絡帳に書いてほしいことを具体的に伝え、かまえて書く必要はないことを知らせます。

コレはNG

「連絡帳は貴重な情報交換の場です。ぜひご記入ください」

正論を述べるだけでは、保護者へのプレッシャーを強めるだけで、事態は改善しません。保護者はいつも空欄であることを悪いと思いながらも、何を書いてよいのか分からず、困っているわけですから、具体的なアドバイスで導く必要があります。

家庭生活

保護者の事情

遠足には何を持たせたらよいですか?

保護者より

来週は、はじめてのバス遠足ですね。○○もわくわくしています。わたしも動物園が大好きなので、一緒に行きたいくらいです！リュックサックと水筒、敷物、お弁当のほかに、準備するものはありますか？おむつや着替え、酔い止めなども持たせたほうがよいでしょうか？

保護者の気持ち 〉〉〉 **保育者の理解**

- はじめての遠足なんだから、しっかり準備しなくちゃ！
- お漏らしや車酔いをするかもしれないから心配だわ。

- 細かいことまで、よく考えているのね。
- 持ちものには決まりがあるから、ちゃんと理解してもらおう。

文例

> **Point!** **園と家庭の分担について説明する**
> いざというときに必要なものは園でまとめて持って行くので、心配いらないことを伝えます。

保育者より

来週の遠足、楽しみですね！また、遠足の準備についていろいろとお考えくださり、ありがとうございます。着替えや救急用品などは、園のほうで持って行きますので、持ちものはおたよりに書いたものだけで十分です。

❶ あったら便利かなと思うものを入れていくと、子どものリュックサックがどんどん重くなるので、持ちものは最小限におさえていただけるとよいと思います。

ご家庭では、用具の使い方をぜひ〇〇ちゃんに教えてあげ❷てください。ご家族で「遠足ごっこ」をすると、用具の扱いにも慣れ、わくわくする気持ちもさらに高まるでしょう。

ココに注目！

1 おたよりに書いた持ちものだけでよいことを、理由も添えて、丁寧に伝えます。

2 遠足の準備は、持ちものを用意するだけではありません。家庭でしてほしいことについて、具体的に知らせます。

コレはNG

「おたよりに書いたもの以外は、持って来ないでください」

事務的で冷たい感じがします。用意してほしいものがとくにない場合でも、協力しようとする保護者の気持ちをくみ取って、返答しましょう。また、車酔いやお漏らし、アレルギーなど、子どもによってさまざまな心配があります。情報共有を徹底しましょう。

イラライしてたたくわたしは母親失格でしょうか?

 保護者より

○○は聞き分けが悪く、言うことを聞かないので、イライラするとついたたいてしまいます。たたいても、言うことは聞かないのですが、我慢できずに手が出てしまいます。虐待する親になってしまうのではないかと不安です。わたしは母親として失格でしょうか?

 保護者の気持ち 》》》

● ダメだと分かっているけど、やめられないのよ。どうしたらよいの?

● 子どもを傷つけてしまうことが本当はとてもつらい…。

 保育者の理解

● かなり追い詰められていて、つらい状態なのね。

● 現状を誰かに知らせて、助けてほしいのね。

文例

Point! 保護者の折れそうな心を全力で支える

悩みながら成長していくのが、多くの保護者の姿であるということを伝えます。

保育者より

打ち明けてくださって、ありがとうございます。お母様のつらいお気持ち、お察しします。❶決して母親失格などではありませんよ。どのお母様も、悩みながら母親として成長していかれます。○○くんは、お母様の意に沿う行動をするのは、まだむずかしいかもしれません。言うことを聞かないときは、「次はこんなに楽しいことがあるよ」とやさしく誘ってみてください。❷そして、たたいてしまいそうになったら、代わりに思いきり抱きしめてあげてください。○○くんは、お母様が大好きです。またいつでもお話をお聞きしますので、お気軽に声をかけてくださいね。

ココに注目!

1 「失格ではない」とはっきりこたえ、落ち込んでいる保護者の気持ちを救います。

2 子どもと気持ちよく付き合うためのコツと、イライラしたときの対処法を紹介します。

コレはNG

「イライラするのも分かりますが、たたくのはよくないです」

正論をふりかざすと、「保護者失格です」と明言しているのと同じことになり、つらい状態の保護者をさらに追い込むことになります。まずは話を聞いて細かい状況を把握しましょう。ナイーブな問題なので話しづらい場合もありますが、丁寧に耳を傾けましょう。

家庭生活

保護者の事情

「子どもは勝手に育つ」がモットーです。

 保護者より

我が家のモットーは「子どもは勝手に育つ」です！家族で出かけたキャンプでも自由にやらせるようにしています。

保護者の気持ち >>>>>

● 子どもは自分で学んでいくんだから、保護者は何もしなくてよいはず。

保育者の理解

● 放っておくことがよいことだと思い込んでいるのね。

文例

Point!

子育てに関わる楽しさを伝える

保護者の考え方を尊重しつつ、園での子どもの様子を
伝え、保護者と子どもの関係を築くきっかけにします。

保育者より

楽しい夏休みを過ごされたようですね。自由な空気の中で
のびのびと育っている〇〇くんは、子どもらしくて素敵だ
なあと、いつも思います。ところで、〇〇くんは3日前の
プールの時間に、水の中で目が開けられるようになりました！
でも、次の日に「目が開けられたこと、お父さんに言った？」
とたずねたら、淋しそうに首を横にふりました。「お父さん
は忙しいから」と、子どもなりに気を遣っているようです。
ときには、お父様のほうから「園は楽しい？」「今日は何
して遊んだの？」と聞いてあげてくださいね。〇〇くんは、
喜んで話をしてくれることでしょう。

ココに注目！

1 保護者の子育てのモットー
は、基本的には否定せずに
受けとめます。

2 子どもが成長している姿を
書きながら、一方で子ども
が保護者との間に距離を感
じ、気軽に話せないでいる
現状について伝えます。

コレはNG

「子どもは勝手に育つとは思いま
せん」

保護者を否定するところからは、信頼
関係は築けません。「もっと関心を向
けてあげないと子どもがかわいそう」
という感情論ではなく、今後の子ども
の成長や、よりよい保護者との関係の
ためにはどうすればよいのかを考え、
具体的な解決策を提案します。

家庭生活
....
**保護者の
事情**

仕事の都合で遅刻して
しまいます。

保護者より

いつも遅刻ばかりでごめんなさい！仕事で帰り
が遅くなり、それから夕食を作るので、食べる
のが21時頃になります。その後お風呂や片付

けをして、あっという間
に22時半。だから、起
きるのも遅くなってしま
います。早く寝かせよう
とは思うのですが、むず
かしいです。

保護者の気持ち 〉〉〉 **保育者の理解**

- がんばっているけど、生活パ
ターンは変えられないのよ。
- 一生懸命やっているけれど、
改善できないことを知ってほ
しい。

- 遅刻させたくないとは思って
いるのね。
- ご家庭がどんな状況か、理解
してほしいのね。

文例

Point! **遅刻が子どもに与える影響を事実で語る**
保護者の事情や生活パターンを受けとめたうえで、今後の改善を目指して見直すきっかけを作ります。

保育者より

お仕事をされながらの子育ては、本当に大変ですよね。帰宅が遅くなっても、ちゃんと夕食を作られるのは、とても立派だなと感じます。

❶ただ、園で〇〇ちゃんの元気な声が聞こえてくるのは、たいてい午後からです。午前の活動には、気分が乗らずに参加しなかったり、友だちに手伝ってもらったりで、充実感を味わうことがむずかしい様子です。

〇〇ちゃんは力のあるお子さんなので、9時前に登園できたら、もっと有意義に時間を過ごせると思います。❷お母様も大変だと思いますが、応援しております。

ココに注目!

1 遅刻によって生じている問題について、実際の子どもの様子を交えながら、事実として伝えます。

2 事実を知らされて、とまどうであろう保護者の気持ちを察し、温かい言葉でしめくくります。

コレはNG

「お子さんの生活リズムを整えるのが、保護者としての務めです」

説教をして保護者を追い込んでも、ストレスを増やすだけで、事態は好転しません。事実を伝えて、このままではいけないと保護者自身が気付けるようにうながしましょう。すぐに改善が見込めなくても、保護者の気持ちに寄り添います。

第1章 保護者の事情

135

仕事が忙しいので役員はできません。

 保護者より

4月になり、○○は園生活を楽しんでいるようです。ところで、5歳児になると役員の仕事が増えると聞きました。ご協力したいのですが、わたしの仕事は有給休暇などを取ることはできません。ですから、申し訳ありませんが、役員などはお引き受けできそうにありません。

 保護者の気持ち 　　≫≫≫　　**保育者の理解**

保護者の気持ち	保育者の理解
●役員なんて無理！免除してほしいのよ。	●役員を「面倒なもの」と考えているのね。
●役員活動で仕事を休むなんて考えられない。仕事のほうが大事！	●子どもたちのためになる、有意義な活動であることを理解してもらいたい。

Point! 役員を経験するよさをさりげなく伝える

保護者同士で情報交換したり、刺激を受けたりと、保護者として成長できる機会であることを伝えます。

 保育者より

> お仕事がお忙しいとのこと、よく分かりました。わたしたちは、お母様が安心してお仕事ができるようにサポートする役目も担っておりますので、応援いたします。それから、役員のことですが、園に集まらなくても分担できる係もあります。また、お子さんの卒園に際して、保護者の方が何か1つでも、ほかの保護者の方々と力を合わせて取り組んだことがあると、それはお母様にとっても〇〇ちゃんにとっても、心に残る思い出になるかと思います。くわしいことは、次の懇談会でお伝えします。どうぞこの1年を、楽しんでお過ごしくださいね。

ココに注目!

1 保育者は常に保護者の味方であることを記します。

2 役員をするよさや楽しさについて積極的に伝えましょう。また、子どもの卒園は一生に1度しかない大切なイベントであることにも気付かせます。

 コレはNG

「平等に決めなければいけないと思います」

保護者全員で協力することは大切ですが、だからといって、押し付けるような形で引き受けさせても、結局うまくはいきません。前向きな気持ちで考えられるよう、役員になることのプラス面を伝える努力をしましょう。

家庭生活

保護者の事情

親の帰宅時間が不規則でリズムが狂いやすいです。

保護者より

両親ともに、帰宅時間が不規則な仕事をしています。夕飯が18時のこともあれば、20時を過ぎることもあります。就寝時間は21時を目標にがんばっていますが、バタバタしているせいか、○○も興奮して、なかなか寝付けません。こんな生活で大丈夫でしょうか？

保護者の気持ち　>>>>>

- 仕事だから仕方ないけど、子どもに悪い影響があったら困るわ。
- 遅い日はいつも本当に大変なのよ。分かってほしい。

保育者の理解

- 仕事と育児の両立で大変な思いをしながら努力されているのね。
- そんな生活をしていることを園側へ伝えたいと思ったのね。

文例

Point! しんどさを丸ごと受けとめる

精一杯の努力が見えている相手には、要求を出すことを控え、応援する気持ちを前面に出します。

保育者より

お仕事の都合ですから、その中で子どもにとっての最善を考えていきましょう。それでもしお子さんに不調があるなら、そこで対策を考えればよいと思います。❶ 21時の就寝をめざしていただき、ありがとうございます。今のところ〇〇くんは午前中に眠くなることもなく、元気に遊んでいますよ。

❷ 帰宅が遅い日は、作り置きや冷凍食品などを上手に使って負担を減らしてくださいね。お母様が落ちついていると子どもも安心して眠りにつけるでしょう。お仕事を両立させる子育てを、応援しています。

ココに注目!

1 保護者の努力に対して感謝する気持ちを伝えます。肯定的にとらえられたことで、保護者はうれしくなるでしょう。

2 保護者の負担を減らすため、罪悪感をもたずに手抜きできるよう勧めます。

コレはNG

「困りますね。子どもの生活リズムを守るのが保護者の務めです」

保護者は規則正しい生活を送らせてやれないことに引け目を感じて相談しているのに、これでは保護者失格の烙印をおすも同然です。保護者のつらい気持ちを受けとめ、安心できるような返答が望まれます。

連絡帳アプリで注意したいこと

ペーパーレス化が進み、連絡帳アプリを使用する園も増えています。アプリの場合に、とくに気を付けたいポイントをまとめました。

💡 伝え方のコツ

入力が完了したら必ず読み返しましょう。たとえ感動的なエピソードでも、入力ミスが原因で誤解されるようなことがないように注意。内容の主旨を文頭に、明確に書くことで、全体の理解が進みます。

💡 便利だからこその配慮を

アプリはどこからでも、書き込めるという利便性があります。そのため保護者側は「通勤途中で入力しよう」などと考え、つい忘れてしまうということも起こります。このような場合、保育者からの発信には注意が必要です。

「登園後、アプリで連絡事項がないかを確認するので登園時には入力を完了しているようにお願いします」とルールのみを伝えるのは、保護者を責めているような印象を与えてしまいます。「〇〇ちゃんの様子をおうかがいしてもよろしいですか」など、保護者に寄り添いながらたずねて、信頼関係を構築していく姿勢を大切にしましょう。

💡 保護者からの相談には…

相談を受けた場合は、1度返信して終わりにせず、継続して状況を伝えていきましょう。また、内容によっては、アプリ内で完結せずに、保護者の都合に合わせて直接話を聞くのがよいでしょう。そのようなときは、アプリを日程調整ツールとしても活用しましょう。

園での子どもの様子の伝え方

子どもが園でどのように生活しているかは、最も保護者が知りたいことです。園でどんなことがあったか、そのとき子どもはどんな反応をしたかなど、具体的に伝えましょう。子どもたちの幸せな瞬間を記録してください。

園での様子を伝えるポイント

連絡帳は保護者が子どもの様子を知る重要な手がかりです。日々の生活で注意すべきことが多い、0～2歳児の成長を伝えるポイントを解説します。

子どもの様子を保護者と保育者で共有する

　0～2歳児は、園と保護者の情報共有が最も大切です。この時期はまだ言葉の発達が未熟で、うまく自分の気持ちや不調を訴えることができません。まずは保護者から、家庭生活での様子をしっかり聞き取りましょう。

　保育者は園での子どもをよく観察し、日頃と違う様子があった際には、すぐに気付く必要があります。日々の園生活の様子を連絡帳に丁寧に記し、家庭生活に活かせるように配慮しましょう。また、生活リズムや習慣、ものごとの基本的なルールを身に付ける時期です。子どもが混乱しないように、トレーニングの方法や場面に合った声かけの方法などを保護者へ伝えて、連携を図ります。

　さらに、この時期は食事や遊びの中で、はじめての経験から多くを学び成長していきます。好奇心や興味を刺激して、積極性や意欲を育みましょう。健やかな成長のため、安心して園生活が送れるよう、連絡帳を情報共有に活用することが大切です。

子どもの様子を保護者と共有する

まず、家庭での様子を保護者から聞き取り、把握することが必要です。また、この時期はスキンシップ、言葉かけが重要な時期なので、園での声かけの方法や、関わり方などを保護者と共有します。睡眠時間やミルクの量などは数字で明確に伝えましょう。また、園で気になった様子があったときは、必ず連絡します。はじめて触れるもの、経験したものにどのような反応をしたか丁寧に伝えたいものです。

周囲への関心が強まり、成長する姿を記録する

感情表現が豊かになり、周囲への興味や関心の幅が、少しずつ広がります。日常生活の中で、どのようなことに目を輝かせていたかをこまめに記録していきましょう。言葉の発達が著しい時期なので、読み聞かせや日頃の言葉遣いには注意が必要です。友だちとの関わりも増え、どんな遊びが好きでどんな様子だったかを丁寧に伝えます。行事では楽しく取り組む姿や感情の動きを伝えて、成長の喜びを保護者と共有しましょう。

「できた！」の喜びを見守る

ものごとのルールを理解するようになる時期です。自立心が高まり、生活習慣も身に付き始めます。また、自分の体調や状態を知らせるようになるのもこの時期です。ただし短い言葉で話すので、聞き逃さないように注意し、いつもと様子が違う場合には、保護者に伝えます。遊びではごっこ遊びやを集団遊びができるようになります。感受性が高まり精神面が成長する時期なので、園でどのように活動し、何を身に付けたかを書き記しましょう。

園での様子を伝えるポイント

3・4・5 歳児

3〜5歳児になると園での人間関係が広がり、さまざまなドラマが生まれます。連絡帳に日々の様子を記録しましょう。

子どもの小さな成長を見逃さず記録する

3〜5歳児は自立心が育ち、周囲や自他の認識が高まります。また、共感性が高まり、集団行動の中でいろいろなことを学んでいきます。友だちのまねをしたり協力したりする中で、自分の役割を知り、責任感を身に付けていくのです。

連絡帳では保護者に、園で起こったできごとの経緯、それによる子どもの成長や変化、心の動きを順序立てて具体的に説明します。また、行事や役員活動などで家庭で協力していただいたときは、必ず感謝を伝えましょう。

5歳児になる頃には周囲の状況、時間の流れなどを把握する能力が高くなり、どうするべきか考えて行動するようになります。また自制心も芽生えて、理不尽なことが起きても、自分の感情をコントロールできるようになります。

保育者は連絡帳に遊びの様子や成長の喜びを記録し、保護者と共有することで、子どもがさらに達成感や充実感を得られるようにサポートします。

自立し成長する喜びを、保護者と共有する

3歳児

身のまわりのことを1人でもできるようになります。また、集団での遊びを楽しめるようにもなります。友だちのまねをしたり、友だちと一緒に新しい経験や発見をしたりして、子どもを取り巻く世界が広がっていることを連絡帳に記録していきましょう。行事では、当日を楽しみに待ち、準備にも意欲的になります。子どもが苦手なことにも向き合い、挑戦する姿や成長する様子などを伝えましょう。

成功をともに喜び、自信を育てる

4歳児

ものごとを自分で決める大切さを知らせ、子どもの自信を育てましょう。集団での遊びや行事などで、友だちと関わる場面も多くなります。感情のコントロールがうまくできず、トラブルも増えがちな時期ですが、子どもには「自分の感情や友だちの考えと、どう向き合うか」を学ばせたいところです。連絡帳を通して、子どもが園や家庭で何を学んでいるところかなどの情報を共有すれば、壁を乗り越えるヒントになるはずです。

判断力を身に付けた、頼もしい姿を記録する

5歳児

ものごとの経過や時間の流れを理解します。園生活の中で、前後の流れから「自分は今、何をどうすればよいか」を判断する力が身に付く時期です。仲間意識が高まり、自分の役割に責任をもち、友だちを思いやり、助け合うようになります。5歳児らしい成長が見える場面を連絡帳に書き記しましょう。また行事では、友だちと力を合わせてやりとげることに達成感を感じながら成長する姿を伝えましょう。

1日の生活

登園・朝の会

伝え方のポイント

泣く我が子をうしろ髪が引かれる思いで園に預ける保護者が安心できるように、やさしく語りかけるようにして様子を伝えましょう。

0歳児

受入れ時に泣く子はその後の様子を伝える

どのくらいの時間泣いていて、保育者のどんな働きかけによって泣き止み、その後どのような様子だったのかが分かると保護者は安心します。

1歳児

気持ちを切り替えた様子を丁寧に

保護者と離れるときに泣くのは、子どもの自然な姿。保育者との触れあいやお気に入りのおもちゃで遊び、気持ちを切り替えたことを伝えます。

2歳児

育まれる自我を保護者に伝える

登園後、友だちの遊ぶ様子を気にしながらも、自分のカバンをしまったり、靴下を脱いだりし、自ら遊びに加わる様子を具体的に伝えます。

文例

0歳児

保育者の腕にゆらゆらと抱かれ、よく眠りました。

生まれてからずっと一緒に過ごしてこられたので、ご心配でしたよね。安心して過ごせる第2の家となれるよう、愛着関係を育んでまいります。よろしくお願いします。

大好きな人の姿が見えないと「あと追い」が見られます。

お母様の姿が見えなくなるとハイハイして探し回ったり、保育者が抱っこをやめると泣いてしまったり。順調に成長の段階を踏んでいます。見守ってください。

1歳児

「自分で！」は主体性の表れです。

これまではお母様がしていたことも、何でも自分でやりたい気持ちが芽生えていますね。このように子どもは少しずつ少しずつ、自立の道を歩みます。

「お手伝いデビュー」をしました！

朝は少し涙が出ましたが、今日は保育者と一緒に給食室に牛乳を取りに行きました。なんと！そのあとは、絵本選びのお手伝いも！たくさんほめてくださいね。

2歳児

「お父さん」になりきって楽しそうに遊びました。

日曜日、ご家族でキャンプに行ったことが楽しかったようで、朝の会でお話していました。そのときのお父様の立ち居振る舞いや話し方をまねて、ままごとを楽しんでいました。

〇〇くんと保育者の靴下ケースをならべました。

お気に入りの黄色い靴下を得意気に見せてくれました。本当はずっとはいていたかったのですね。そのあと、保育者と一緒に脱いで仲よくとなり同士にならべました。

1日の生活

登園・朝の会

**伝え方の
ポイント**

登園後、保護者が見た朝の子どもの様子から、どのような変化が何によってもたらされたのかが分かるように伝えましょう。

3 歳児

保護者の心配に
こたえる内容で

登園を渋っている場合、どのように園で居場所を見つけたのか、楽しく過ごせたのかなど、保護者が最も知りたいことにフォーカスして書きます。

4 歳児

エンジンがかかるまで
の姿とその後を伝える

どの子にもエンジンがかかるまでにアイドリングの時間があります。何をしようかなと考えたり選んだりする時間も必要。自分で考える大切さも伝えましょう。

5 歳児

前日からのつながりも
含めて記述する

5歳児になると過去・現在・未来の中で生きるようになるので、その関連も見すえて現在の姿を読み解き、考えうる可能性を保護者へ分かりやすく伝えます。

3
歳児

ブロックをきっかけにして友だちと笑顔で遊びました！

朝は泣きながら保育室へ来ましたが、友だちの作ったブロックの車に興味津々。「まだブロックあるよ」といくつか手渡すと組み立て始め、気に入った車ができると笑顔で走らせていました。

お母様への思いがあれば、涙に負けません。

「ママー」と泣くので、「ママが大好きなんだね」と言うとコックリとうなずきました。「どこが好き？」とたずねると泣きやんでじっくりと考え、「顔」と一言。ママは最高です！

4
歳児

小鳥の世話に楽しく取り組みました。

寝不足からか、登園後はしばらくボーっとしていましたが、小鳥の世話に誘って鳥小屋へ。「ピーちゃん、おはよう」と声をかけ、水替えなどの活動に楽しく取り組み始めました。

かわいいカメにいやされる時間でした。

靴もカバンもそのままの姿でしばらく玄関でカメを見て過ごしました。カメのゆっくりとした動きをじっと見て心を落ちつけたようです。納得すると自分から保育室へ入りました。

5
歳児

けんかを乗り越えて仲よしに戻れました。

昨日のけんかを引きずっていた様子の〇〇くん。しばらくは友だちと目を合わせようとしませんでしたが、友だちが「ごめん」と言うと、うれしそうにうなずきました。

誕生日がうれしくて上機嫌な1日でした。

出席ノートの誕生日シールを指さして友だちに見せると「おめでとう！」と言われて上機嫌。「手伝おうか？」といつもは加わらない活動にも積極的に向かう姿が印象的でした。

ミルク・食事

伝え方の ポイント

授乳や食事は保育者との信頼関係を築く大切な時間です。喫食量がふだんに比べて多い、少ないなどを丁寧に伝えましょう。

0 歳児 子ども1人1人の 育ちに合わせて

哺乳瓶のサイズや乳首の形状、1日に飲む量などを家庭と情報共有します。離乳食の場合は、食材の大きさや食べる全体量を早めに伝えましょう。

1 歳児 自分で食べたいという 意欲を大切に

手指が上手く使えずにこぼすことも多い時期ですが、意欲を尊重し、その子の成長に合った食器や食具を用意していることを保護者と共有しましょう。

2 歳児 日々の成長をこまめに 伝える

自分から積極的に食べるようになる反面、好き嫌いも出てきます。友だちの刺激を受けて苦手なものに挑戦することもあるので丁寧に伝えます。

おいしいよ!

文例

0歳児

そろそろ離乳食を始めてはいかがでしょうか。

安心して離乳食を食べられるように、準備が必要なものや、スプーン介助の仕方など、お話をさせていただきたく存じます。お時間のあるときにお声かけください。お待ちしております。

やさしく声をかけながら愛着関係を築いています。

園生活に慣れるまで、ミルクの量が減って心配されましたね。「おいしいね」と声かけすると、〇〇ちゃんは、保育者の腕の中で「ふーっ」と安心した表情を見せてくれました。

1歳児

ゆっくり時間をかけて食べました。

週末はご家族で久しぶりのお出かけを満喫できてよかったですね。少し眠そうにしていたので、お部屋で過ごしました。自分のペースで食事をとりましたのでご家庭でも様子を見てください。

一緒に食べた友だちに刺激を受けていました。

友だちと一緒だと、食べる意欲が増すようです。今日は△△くんと向き合って食べました。△△くんがおいしそうに食べる姿をじーっと見つめながら〇〇ちゃんも笑顔で食べていました。

2歳児

大好きなカレーライス。得意げにおかわりをしました。

今日はたくさん外で遊びました。カレーのにおいに導かれるように自ら進んで手洗い・うがいを済ませ、「おかわり」と満面の笑みを浮かべていました。

野菜の歌を口ずさみながら苦手な大根を口にしました。

味噌汁が大好きな〇〇くんですが、今日は苦手な大根を残して保育者をじーっと見つめていました。「だーいこーんコンコンコン」と保育者が口ずさむと「パクッ」。愛おしい1コマでした。

第2章 1日の生活

151

0·1·2 歳児　　3·4·5 歳児

ミルク・食事

伝え方の ポイント

1人1人によってねらいが異なります。食を楽しむことを第一とし、その中での子どもの成長や努力を前向きに伝えましょう。

3 歳児

みんなと一緒に食べる 楽しさを中心に

友だちと一緒に食べることで、刺激を受けたり、友だちの好きなものを知ったりします。「おいしいね」を共感する様子を保護者に伝えましょう。

4 歳児

食べられるものが 増える喜びを

苦手なものもひと口は食べようとする意欲を引き出し、その努力を十分に認めたいものです。家庭でもほめてもらえるよう書いておくとよいでしょう。

5 歳児

栽培活動との関連を 含めて育ちを記述

園で育てている野菜の生長を見ることでそのでき方を知り、食べものには生産者がいることに気付きます。家庭でも話題にしてもらいましょう。

3 歳児

友だちと一緒に音を楽しみながらキュウリを食べました。

キュウリが残りがちでしたが友だちがポリポリとかむ音を聞き、興味をもった様子。「よい音するね」と保育者が言うと、自分もポリポリ。友だちと顔を見合わせ、うれしそうでした。

お弁当箱を見せ合って、「おなじ」を喜んでいます。

友だちが「ミニトマト、入ってる」と自分の弁当を指さすと、「〇〇ちゃんも入ってる」と顔が輝きました。2人でうれしそうに「おなじ」と言い合い、同時に食べていました。

4 歳児

自分で量を決めて、食べられる自信を身に付けています。

「ごまあえ、どれくらい食べられる？」と聞くと、「これ」と少なめの皿を指さしました。自分で選んだ量なので、残さず食べました。完食をほめると自信をもったようでした。

友だちに影響されて、牛乳が飲めるようになりました。

仲よしの友だちが、「牛乳、大好き！」と飲む姿を見て、びっくりした表情。友だちに「背が伸びるよ」と言われ、〇〇ちゃんもまねをしてゴクリ。飲み干せてうれしそうでした。

5 歳児

給食で自分たちが育てた野菜を味わいました。

今日の給食に、自分たちが育てたインゲンが登場しました。「ぼくたちが世話をしたから、おいしさ100％」とみんなの前でうれしそうにアピールしていました。本当においしかったですよ。

食育で学んだ知識を友だちに教えていました。

ブロッコリーが苦手で手がとまっている友だちに、「これは畑で何日もの間、農家のおじさんが水やりして草とりして育てた大切なものだよ」と図鑑から学んだことを教えてくれました。

0・1・2歳児   3・4・5歳児

昼寝

伝え方のポイント

入眠や目覚めた時刻、昼寝の様子を丁寧に伝えましょう。降園後の家庭での生活につながるポイントです。とくに0〜2歳児の場合、安全への配慮も報告するとよいでしょう。

0歳児 睡眠姿勢をチェックしていることを伝える

成長につれて少しずつまとまって眠るようになります。一目で見渡せる場所に寝かせ、SIDSの危険排除に努めている姿勢を伝えましょう。

1歳児 リズムの有無に合わせて柔軟な対応を

夜の睡眠が延びるにつれて昼寝の時間帯で眠れるようになります。まだ不安定な子もいるので、個々の様子を見ながら柔軟に対応していることを知らせます。

2歳児 寝る前のルーティンを保護者と共有

「トイレ（おむつ交換）⇒読み聞かせ⇒布団」など、ルーティンを決めると入眠しやすくなります。夜、寝付きが悪いと困っている保護者と共有しましょう。

文例

0歳児

午前寝から昼寝へスムーズな移行を心がけています。

午前中に寝ることが少なくなりました。もし眠っても10〜15分くらいでやさしく起こして、昼寝の時間にまとまった休憩がとれるようにリズムを整えています。

まとまった昼寝ができるようになってきました。

0歳児後半になり、昼寝の回数がまとまり、睡眠リズムも整ってきました。午前中は、バギーから降りてテラスで体を動かして遊びました。明日は廊下をハイハイして遊びます。

1歳児

保育者が添い寝をすると、安心した寝顔が見られました。

適した温度、湿度で入眠までゆっくりと一緒に過ごしました。その間も体を横にしていたので、休息がとれました。添い寝をすると35分間昼寝をし、スッキリと目覚めました。

寝るときに少しぐずりましたがスッキリと目覚めました。

今日はふだんと違うタオルケットだったためか寝返りが多く、タオルケットを「ポイ」しては保育者が拾って…を数回くり返しましたが、目覚めはスッキリ、笑顔でした。

2歳児

「ギュー」でおやすみなさいをしています。

昨日から〇〇ちゃんとの昼寝前のルーティンに「ギュー」が加わりました。安心して入眠できるようです。ご家庭でも「ギューして」と言うかもしれませんね。よろしくお願いします。

友だちとの会話に花が咲き、昼寝の時間が短めです。

今日は園庭を探検しました。「ピカピカの石」探しをしましたが、なかなかよい石が見つからず…。昼寝のときも友だちと石の話をして、入眠が遅めになりました。

第2章 1日の生活

155

0・1・2
歳児

3・4・5
歳児

昼寝

**伝え方の
ポイント**

なかなか寝付けない子もいます。無理に寝か
せるのではなく、体を休めることを大事にし
ていると伝えましょう。5歳児以降は昼寝の
時間が短くなります。

3 歳児

安心してその時間を
過ごす様子を

落ち着かない環境で人は眠
ることができません。1人
1人の入眠のタイミングや
儀式を知り、それに沿った
援助をしていることを具体
的に書きましょう。

4 歳児

生活リズムが
身に付いた喜びを

午前中にたっぷりと体を使
って遊ぶと、気持ちよく入
眠できます。それらとのつ
ながりも視野に入れ、子ど
もの姿が目に浮かぶように
描写します。

5 歳児

保育者のように
小さい子へ関わる姿を

5歳児は静かに自分たちの
活動をしたり、小さい子へ
やさしく接したりする様子
を具体的に記します。目的
をもった行動であることが
分かるように伝えましょう。

文例

3 歳児

かわいいパートナーのクマさんと出会いました。

パジャマに着替えるのをためらっていましたが、「クマさんが待ってるよ」とぬいぐるみを顔に近付けると、にっこりして着替え始めました。クマさんは○○ちゃんのパートナーです。

「トントンして」と自分から言えるようになりました。

目をつぶってもなかなか寝付けないときは保育者のところへ来て「トントンして」と言えるように。「分かったよ、すぐ行くね」とこたえると、安心して背中を向けて待っています。

4 歳児

元気に走り回ったあとはぐっすり眠りました。

午前中は赤いしっぽを付け、存分に走り回りました。白いしっぽを8本も取ったとうれしそうでした。布団に入ると1分もたたないうちに寝息が。よい生活リズムが身に付いています。

「寝言を言うかも」と、かわいく教えてくれました。

「寝言を言うかも」と言って眠った○○くん。起きるとすぐ「何か言ってた？」と聞くので「ムニャムニャしか聞こえなかった」とこたえると、「うん、何か食べてた気がする！」とのこと。

5 歳児

昼寝の片付けで、小さい子のサポートをしました。

昼寝のあとの片付けの際、小さい子が布団を運んでいると、「上手だね。あとはお兄ちゃんにまかせて」と布団を受け取り、押し入れまで運びました。小さい子は憧れの目で見ていました。

昼寝をするかしないか、自主的に決められます。

昼寝の仕度をしていると、「今日はそんなに疲れていないし、明日までに迷路の看板を作りたいので、昼寝をしません」と言いに来ました。自分の行動を自分で決めています。

第2章

1日の生活

1日の生活

排泄・トイレトレーニング

**伝え方の
ポイント**

1歳から2歳にかけて、どのようにおむつからパンツへと進んでいくのか、保護者へ状況を伝えながら共有し、連携を図りましょう。

0 歳児 保育者のおむつ替えの様子を伝える

おむつ替えで保育者がアイコンタクトや声かけをしている様子を、保護者の参考となるように伝え、トイレトレーニングの始まりを知らせます。

1 歳児 保育者間の共通認識を保護者へ報告

どの保育者が対応しても子どもが安心して排泄できるよう、声かけの配慮を伝えます。トイレに座る様子など、家庭でも参考となるように書きましょう。

2 歳児 トイレでの様子を丁寧に伝える

トイレへ誘うタイミングやトイレでの様子を丁寧に保護者に伝えます。どんなときに自分から尿意や便意を伝えたかなど、成長の様子に着目しましょう。

文例

0歳児

「おしっこ出たね」と声をかけています。

おむつ替えは大事なスキンシップの１つです。「さっぱりしたね」と声をかけると、とてもうれしそうにしています。気持ちよいことを分かっているようですね。

「シーシー」と言いながらおまるに座りました。

おまるに座れるようになり、「上手に座れたね」とほめながら、「シーシー」と声をかけています。今日は自分で「シーシー」と言いました。おしっこが出ていなくてもほめています。

1歳児

トイレに座ってみたらちょうどよいタイミングでした。

今日はおむつを替えるとき、トイレに座ってみました。タイミングよくおしっこが出たので、「出たね」と言うとうれしそうににっこりほほえんでくれました。

「シーシー」と教えてくれました！

今日はおしっこが出たときに「シーシー」と教えてくれました。おむつの中でおしっこが出た感覚が分かったことは、大きな成長です。その場にいたみんなで成長を喜び合いました。

2歳児

友だちを一緒にトイレへ誘っています。

友だちが「先生、トイレ」と言った姿を見た〇〇ちゃん。「わたしも行く！」。そのあとは、自分から友だちをトイレに誘う姿も見られました。

上手に排泄し、パンツをあげるときに「あ！」

パンツをあげた瞬間、少しだけ尿がパンツに付いたことに気付いた〇〇くん。「もらしてないもん」と一言。「そうだね。上手にできたことをお母さんに教えようね」と話しました。

排泄・トイレトレーニング

伝え方の
ポイント

生活の自立に欠かせない排泄。子どもが自分でコントロールできる姿を示すことが保護者を安心させます。トイレに行った時間を明記しましょう。

3
歳児

排泄の自立に自信をもつ姿を伝える

ふつうのパンツで失敗なく過ごせるようになり、自信をもち始める子が多い時期。「おしっこできたよ」という言葉や表情をリアルに伝えるとよいでしょう。

4
歳児

できることが増えていることを伝える

尿意を感じたら、「トイレ行ってくる」と自分で動けるようになります。がまんしない大切さを知り、自分であと始末できることも成長として伝えます。

5
歳児

自分で考えて行動することを記す

外へ出る前や食事の前など、尿意を感じていなくても行っておいたほうがよいと判断できるようになる育ちを、気付いたタイミングで伝えます。

文例

3歳児

気に入ったキャラクターの個室だと安心できるようです。

ウサギの絵が貼ってあるトイレの個室に入ると、安心するようです。ほかの個室が空いていても入らず、ドアの前で待っています。愛着がある様子をほほえましく見ています。

自分からトイレへ行く姿が見られるようになりました。

活動の節目に声をかけると、溜まっていることを感じ、「おしっこ、行ってくる」とトイレへ行っています。もらす前に自分から行けることをほめています。一緒に成長を喜んでください。

4歳児

製作中でもがまんせず、自分からトイレに行けます。

友だちと積み木でロケットを作っていたとき、「ちょっとトイレ行ってくるから続けて」とトイレに行きました。遊びに夢中になっていても失敗することなく、コントロールできています。

ズボンとパンツの上げ下げが上手になりました。

以前はズボンを下げきらずに濡らしてしまうことがありましたが、最近はひざの下まで下げて用を足せるようになりました。終わったあとも、シャツを伸ばしてズボンに入れています。

5歳児

「次の人が気持ちよく使えるように」を考えています。

トイレのスリッパがバラバラになっているのを見て、自分から進んで揃えてくれました。「ありがとう」と言うと、「次の人が気持ちよいでしょ」とにっこりする姿に成長を感じました。

園でも安心してうんちができるようになりました。

以前、個室に長く入ってからかわれたことから、うんちをがまんする様子がありました。子どもたちにうんちの大切さ、からかう卑劣さを伝え、安心してトイレに行けるようになりました。

1日の生活

着替え・片付け

**伝え方の
ポイント**

少しずつできるようになる着替えや片付け。
園での様子を共有して、保護者と成長をとも
に喜び合える関係を築きましょう。

0 歳児
毎日の準備は分かり
やすい掲示で伝える

着替えやおむつなど、毎日
の準備物は、保護者にも分
かりやすく設定し、置き方
は写真などで明示します。
保護者が戸惑わないよう丁
寧に伝達します。

1 歳児
さりげない
援助の方法を共有

着替えの際にさりげなく服
の端を持つなど、「自分で
できた達成感」を大切にし、
「自分で！」という気持ち
を尊重していることを伝え
ます。

2 歳児
服装へのこだわりは
保護者と共有

手指が器用になり、自分で
ボタンを留められるように。
服装にこだわりも出てくる
ので、保護者と共有し、子
どもの思いを尊重しつつ安
全にも配慮しましょう。

0歳児

チャックのない服へのご協力をお願いします。

十分留意して着脱していますが、とても活発に手足を動かせるようになってきたので、着替えはチャックのない服をお持ちいただけると助かります。よろしくお願いいたします。

着替えでは満面の笑みで「万歳！」します。

着替えの際、保育者が「ばんざーい」と声をかけると、〇〇くんも両手をあげて上手に万歳をしました。ご家庭でもTシャツを脱ぐときに、「ばんざーい」と声をかけてみてくださいね。

1歳児

脱いだ服を自分で引き出しにしまいました。

先日、お母様からご家庭での様子を伺いましたが、今日は園でも、脱いだ服を自分でしまっていました。服を両手で抱えて歩く姿に感動しました。たくさんほめてあげてください。

靴を上手に自分で脱げました。

砂場で靴に砂が入り、自分で脱ごうとしていました。かかとがひっかかっていたので、保育者が「ちょっとだけ」と伝えて手伝うと、自分で脱ぐことができました。

2歳児

遊んだあと、忘れずに片付けができました。

ままごとや人形遊びが大好きな〇〇ちゃん。園庭で遊び終えたあと、外に置き去りになっていたままごとセットを思い出し、急いでUターン。きちんと片付けられました。

自分でシャツのボタンを留められました。

シャツのボタンを留め終えてから段違いの箇所に気付きました。くやしそうな表情になる寸前に、「〇〇くん、がんばったね！」と抱きしめると、やさしい表情でほほえみました。

0・1・2歳児　3・4・5歳児

着替え・片付け

伝え方のポイント

自分のことが自分でできるようになる過程を、具体的な姿で伝えます。子どもが発した言葉を添えると、より生き生きするでしょう。

3歳児 徐々にできるようになる喜びをとらえて

ボタンを留める、靴下をはく、裏返ったシャツを直すなど、経験を重ねながら上達するものは、そのときどきの取り組みをほほえましい姿として記します。

4歳児 基本的な取り組みを保護者に伝える

「片付けよう」の言葉だけでは行動につながりませんが、それぞれ戻す場所を考えれば動けます。遊びの一環として取り組む様子を成長と重ねて書きましょう。

5歳児 分担して片付けられるよさを伝える

次の人が使いやすいように、続きがすぐ始められるようになど、後々を考慮して行動する姿、仲間と相談して分担する姿など、5歳児らしい姿を書きましょう。

3歳児

裏返った服を自分で直して、たたむことができました。

着替えのとき、裏返った服は、袖に手を入れて引っ張り出すように伝えると、試行錯誤しながらも「できた！」と笑顔に。きれいにたたむこともでき、自分で行う喜びを味わいました。

うさぎのぬいぐるみに「おやすみ」と声をかけています。

うさぎの「みみちゃん」がお気に入りで、おんぶして遊んでいます。片付けになるとそっと下ろし、やさしくなでながら「おやすみ」と寝かせて布団を。温かい心が育っています。

4歳児

「〇〇のおうちはどーこだ？」と片付けを楽しんでいます。

ままごとで遊んだあと、片付ける際には、「フライパンのおうちはどーこだ？」と言いながら、取り出したシンクの下の扉の中へ戻します。片付けもゲームのように楽しんでいます。

積木の片付けをパズルのように楽しみました。

積木でお城を作ったあと、片付けでは三角を2つくっつけて立方体にするのが気に入った様子。三角もぴったりと隙間なく収まるところに気持ちよさを感じているようです。

5歳児

友だちと分担して片付けています。

みんなで造形遊びをしたあと、友だちが「ぼく、油性ペン集めるね」と言うのを聞いて、「じゃあわたし、ホチキス集める」とホチキスをひょいひょい拾い、あっという間に片付きました。

「つづきをします」と看板を作りました。

砂場に深い穴を掘り、友だちと3人で力を合わせた工事現場。明日も続けようと相談し、ほかの人にも分かるように看板を立てることにしました。文字も協力して書きました。

1日の生活

体調の変化

伝え方のポイント

こまめに検温することはもちろん、大切なのは子どもの様子を観察し、体調の変化に気付くことです。保護者へ報告する際は、具体的に分かりやすく伝えましょう。

0歳児
検温と泣き方に気を付けて報告

0歳児は泣くことでさまざまな要求を伝えようとします。空腹、人見知り、体調の変化など、なぜ泣いているのかを読みとり、様子を記します。

1歳児
体調悪化のサインを見逃さない

ふだんと違う様子が見られるとき、たとえば「ずっとゴロゴロしている」「急に泣き出す」「おなかや頭をおさえている」などのサインを見逃さずに伝えます。

2歳児
言葉で体調を知らせるときはそこに注目を

まだうまく言葉で表現できない時期。たとえば「だるい」という言葉の代わりに「眠い」と言うこともあるので注意が必要。保護者に確かめ、共有しましょう。

文例

0歳児

便秘でしたが午後には良便でスッキリです。

便秘が続いていたので、今日の午前中にお話をしながらおなかをマッサージしたところ、午後3時40分に良便が出ました。〇〇ちゃんのスッキリとした表情を見て安心しました。

熱も下がり、機嫌よく遊んでいます。

本日はお仕事中にお電話にて失礼いたしました。14時に37.7度あった熱も16時には下がり、機嫌よく遊んでいます。明日以降も様子を見させていただきます。

1歳児

昼寝後の検温で38.5度ありました。

昼食で大好きなハンバーグを残しており、検温では平熱よりも少し高めの36.8度でした。昼寝後の検温で38.5度ありましたので、ご連絡いたしました。

いつもよりゴロゴロしながら遊んでいました。

給食は完食しましたが検温で36.9度と平熱より少し高めでした。今日は室内でゴロゴロと寝転がりながら、ゆっくりと過ごしました。明日、ご家庭での様子をお知らせください。

2歳児

今日はお部屋でゆっくりと過ごしました。

朝、お母様が風邪気味とお伝えくださったことを聞いていた〇〇くん。咳をしつつ「先生！外行こう」とアピール。「積み木で遊びたいな」と伝えると部屋で遊んでくれました。

好きな手作りマフィンを半分残しました。

おやつを半分残し、自由遊びの時間に気分が乗らず表情がいつもと違うので熱を測ると37度台前半でした。今夜あたり発熱するかもしれません。様子を見てください。

0・1・2歳児　3・4・5歳児

体調の変化

伝え方の
ポイント

いつ、どのような変化があったのかを正確に知らせる必要があります。体調に変化のあった時間を記録し、どのような対応をしたかも明記します。

3歳児 熱っぽい場合はすぐに測定して記録

興奮しただけで熱があがることもあります。水を飲ませると下がることも。事実を書き留め、きめ細やかに記録します。必要があれば医療機関の受診も。

4歳児 「様子を見た」以上の報告が大切

「様子を見た」だけでは、何もせず放置されていたと保護者が感じる場合もあります。声かけ、子どもの反応、その後の対応まで報告しましょう。

5歳児 本人の訴えや気持ちを表す言葉を尊重

「気持ち悪い」と言ったのか「胸がムカムカする」と言ったのか、本人が表現したとおりの言葉を書き留め、保育者とのやりとりやその後の対応を記します。

文例

3歳児

11時に37.5℃だったので、水遊びは見学しました。

午前中だるそうだったので、11時に検温したところ37.5℃でした。水遊びはせず、見学をしました。昼寝後には36.8℃で安堵しました。ゆっくり休ませてあげてください。

園庭で鬼ごっこをした際、転んでひざをすりむきました。

鬼ごっこで転んでしまいました。少し血が出てびっくりして泣きましたが、水で洗い、薬をつける頃には落ち着き、「絆創膏は力いっぱい走った証拠」と園長先生に言われ笑顔になりました。

4歳児

吐いたあとは絵本コーナーで静かに過ごしました。

給食後、気分がすぐれずテラスで吐いてしまいました。そのあと、絵本コーナーで一緒に乗りもの図鑑を見ました。「新幹線に乗ったときね…」と生き生き話し始めたので安心しました。

午前中、眠そうだったのでしばらく仮眠しました。

10時頃、絵を描く手が止まり、目をつむって揺れ始めたので、「昨日、寝るのが遅かった?」とたずねるとこっくり。職員室で20分ほど横になるとスッキリと目覚め、また遊び始めました。

5歳児

腹痛のため、おなかを温めました。

どろけいをしているときに、顔をしかめて「おなかがねじれるみたいに痛い」と言うので職員室へ。湯たんぽでおなかを温めると痛みが和らぎ、トイレへ行ったらスッキリしたようでした。

ボールが顔にぶつかり、鼻血が出ました。

園庭でドッヂボールをしていたところ、顔にボールが当たり、鼻血が出ました。15分ほど止血し、夕方までは保育室でゆっくり過ごしました。今夜、様子を見てください。

第2章 1日の生活

0・1・2歳児　3・4・5歳児

遊びの様子

伝え方の
ポイント

園ではどんな遊びを楽しんでいるのか、保護者に1つでも多くのエピソードを伝え、安心感をもっていただきたいですね。

0歳児
手作りおもちゃのヒントを提供

回したりめくったりが楽しい時期。音が出るおもちゃも楽しいですね。月齢に合わせた遊びを保護者に紹介し、家庭でのヒントにできるとよいでしょう。

1歳児
園で存分に楽しんでいる様子を伝える

動くものや人、自然に興味をもつようになります。自分から手を伸ばしたり触ったりする姿や、他児との関わりを具体的に伝えましょう。

2歳児
好きな遊びを見つけて伝える

難易度の違うおもちゃなど、保育者も一緒に遊びながら好きな遊びを見つけられるようにします。集団遊びを楽しむ様子なども伝えましょう。

文例

0歳児

園庭を散歩するとたくさんの出会いがありました。

お天気がよく心地よいそよ風の中で外気浴をしながら園庭を散歩しました。2歳児の子どもたちが走る姿や、洗濯物のハンカチが風で揺れるのを見て楽しんでいました。

「カシャカシャ」という音と感触が大好きです。

スーパーのレジ袋にエアパッキンを丸めていれて平ゴムで結わえたおもちゃで遊びました。プチプチの触り心地もカシャカシャの音も楽しめました。保育室にあるのでぜひご覧ください。

1歳児

友だちと「一緒」が楽しいようです。

友だちの存在が少しずつ気になり始める頃です。同じ遊びをとなりでするだけでうれしそうです。今日も△△ちゃんとならんで型はめパズルを楽しんでいました。

手先を使った遊びに夢中です。

積み木をならべたり重ねたりする遊びを気に入っています。積み木を高く積みあげた○○ちゃん。積み木が倒れる瞬間に見せた残念そうな表情に成長を感じました。

2歳児

みんなで劇のキャラクターになりきっています。

参観日に披露する『大きなかぶ』。練習時間以外でも、みんな登場するキャラクターになりきって遊んでいます。先生がかぶになり、子どもたちは引っぱり役で1列になりました。

ブロックで想像力をふくらませています。

ブロックを組み合わせて乗りものを作りました。昨日は消防車、今日は救急車。友だちがケーキを作る姿をじっと見つめていたので、明日はパティシエに変身するかもしれません。

遊びの様子

伝え方の ポイント

子どもの成長を感じる姿、生き生きと取り組む様子、友だちと関わるシーンなどが目に浮かぶよう、会話も入れて具体的にとらえて書くとよいですね。

3歳児 その子の世界が広がった瞬間を！

友だちのまねをすることも、その子の世界の広がりです。環境に自ら働きかけて何かを感じている姿やはじめての活動にチャレンジする姿などを伝えましょう。

4歳児 友だちと楽しく関わる様子を中心に

友だちとのトラブルが増える反面、仲直りの仕方も学びます。1人ではできなくても友だちと一緒ならできることを知り、その喜びを感じている場面を選びます。

5歳児 協同的な学びを重ねる姿を伝える

友だちと力を合わせてやりとげる姿や、満足感、達成感を感じている場面、小さい子を思いやる姿や活動など、5歳児らしい育ちの見える記述を心がけます。

文例

3歳児

友だちのやり方をまねて、トンネル作りに挑戦しました。

砂場で山を作っていましたが、となりの子が水をかけて固めてトンネルを作り出すと興味をもち、まねしていました。トンネルができると2人で顔を見合わせてにっこりしました。

ブロックのマイクでインタビューを楽しんでいます。

インタビューごっこがブーム。「好きな食べものは?」など質問を自分で考えて友だちに聞いて回り、こたえを聞いて「ぼくも」と笑い合いました。人と関わる力がついてきたと感じます。

4歳児

ビニールテープで線路を作り、踏切役を楽しみました。

電車ごっこで〇〇くんはビニールテープを床に貼り、線路に見立て、「カンカン、今はとおれません」と腕を広げて踏切役に。友だちがとまると「はい、どうぞ」。関わりを楽しんでいます。

しりとり名人で、友だちを助けています。

しりとりが得意な〇〇ちゃん。友だちの番で先に言ってしまうことも。友だちが困っているときだけ耳元でささやくようお願いしたところ、上手に関われるようになりました。

5歳児

怖いおばけ屋敷にするために友だちと相談しました。

夏祭りのおばけ屋敷で動くがい骨を作ろうと、図鑑を見ながら骨のパーツを描いています。「腕を動かすためにはどうする?」「肘と手首に割りピンを付けよう」と相談しながら進めています。

ペープサート劇場にお客さんが続々と集まりました。

自分たちで『おむすびころりん』のペープサートを作り、3、4歳児に見せたくて招待しに行きました。客席が埋まる様子に興奮し、自信たっぷりに人形を動かして演じました。

第2章　1日の生活

173

散歩・屋外遊び

1日の生活

0・1・2歳児　3・4・5歳児

伝え方のポイント

乗りものでの移動が多い昨今。「歩く」経験をたくさんさせたいですね。散歩や屋外遊びは、筋肉や体力が付いたり、約束ごとを学んだり、季節を感じたりと魅力がいっぱいです。

0歳児
空気や風に触れる様子を伝える

自力で長い距離を歩くことはできませんが、ベビーカーや保育者のおんぶ・抱っこで、外からの刺激を体中で感じていることを伝えます。

1歳児
身のまわりの自然物への興味を記録する

散歩先で葉っぱや実などを集めて持ち帰ると、製作やままごとにも大活躍です。自然への興味や、自然物を使って楽しんでいる様子を知らせましょう。

2歳児
公園の遊具を使って遊ぶ姿を記す

公園の遊具で遊ぶことも少しずつできるようになります。安全面に十分配慮しながら子どもが遊んでいる姿や成長のエピソードをたくさん伝えます。

文例

0歳児

冬ならではの楽しさを堪能しました。

バケツに張った氷を興味深そうに覗きこんでいました。保育者が触って「冷たい」と伝えると、〇〇ちゃんも触れた瞬間に目を丸くして驚いた表情を見せていました。

お気に入りのバケツを持って園庭探検へ行きました。

今日はヨチヨチと園庭を散歩しました。なだらかな斜面ではすぐに手を差し伸べられるよう、近くで見守ったところ、ゆっくり登りきることができました。今後も見守っていきます。

1歳児

どんぐりで「マラカス」を作りました。

公園でどんぐりを1つずつ拾っては保育者に見せ、バケツに「ポトン」。この音も気に入った様子。何度もくり返して遊びました。「マラカス」を持ち帰りますのでご家庭でお楽しみください。

スピードの調整をした〇〇くんの成長に感動しました。

三輪車に乗ると得意げに走ります。園庭に友だちが出るとスピードをゆるめました。思うように体を動かせる喜びに加えて、スピードの調整もできるようになった姿に感動しました。

2歳児

ダンゴムシをたくさん集めました！

「先生見て！」そっと広げた手の中には、たくさんのダンゴムシが。これには保育者も驚きました。ダンゴムシを持った〇〇くんは「先生、大丈夫？」とやさしく声をかけてくれました。

大きなすべり台に挑戦しました。

大きい子が遊ぶ様子を眺めていた〇〇ちゃんが、ついにすべり台に挑戦。あがるときもすべるときも、保育者が体を支えました。保育者と一緒に、安全に遊べるように援助していきます。

1日の生活

散歩・屋外遊び

**伝え方の
ポイント**

季節の変化を感じたり、自然物に関わったりする姿を具体的にとらえて伝えましょう。感性の育ちや生命の尊重につながる活動も重視します。

3
歳児

**季節を感じる様子を
くわしく記述する**

自ら発見したこと、目を輝かせて関わったものなど、子どもが世界を広げている場面を探します。表情やつぶやきも拾えると、さらによいですね。

4
歳児

**自然との関わりの中で
育つ場面から**

遊びの中で雨や氷、植物などの自然物を取り入れる場面などから、子どもの気付きや育ちについて取りあげます。自然のふしぎに感動する姿も伝えましょう。

5
歳児

**全身を使った
たくましい遊びの姿を**

友だちと力を合わせて遊ぶ様子から、仲間意識ややりとげる力も育つことが分かります。体力がグングンついていることも伝わるように書き方を工夫しましょう。

文例

3歳児

いちょうの葉っぱのじゅうたんで秋を体感しました。

公園のいちょうのじゅうたんに座り、葉を雨のように散らして遊びました。「秋のにおい」と友だちが言うと、〇〇くんも葉のにおいをかいで「本当だ」とうれしそうにつぶやきました。

プリンカップの中に砂を入れて発見を楽しみました。

プリンカップの中に砂を詰めてパカッとあけるときれいな形になることを、友だちの姿から知りました。はじめはくずれがちでしたが、何度か挑戦するうちに大成功。大喜びでした。

4歳児

雨あがりの虹を見つけました。

散歩中に虹を発見！はじめは赤、黄、青と色を見つけるのに夢中でしたが、「虹の橋を渡ってどこへ行く？」とたずねると、「おばあちゃんち」とのこと。おばあ様が大好きなんですね。

テントウ虫に「ピッピちゃん」と名前を付けました。

友だちがつかまえたテントウ虫に興味をもち、相談して名前を付けました。手のひらに乗せて動く様子を楽しく観察しました。春には触れなかったのに、大きな成長に驚いています。

5歳児

園庭にドンジャンケンの遊び場を作りました。

友だちと相談し、重たい板を運んでドンジャンケンのコースを作りました。ほかの友だちが「やってもよい？」と来ると、「赤い台からスタートだよ」と誇らしげに教えていました。

みんなでサッカーを楽しむために考えて行動しています。

サッカーに取り組んでいます。自分のチームが勝つことばかりでなく、みんなが楽しめるよう、あまり蹴っていない子にボールを回すなど、考えて遊べるようになっています。

絵本の読み聞かせ・読書

**伝え方の
ポイント**

園生活で取り入れた絵本のタイトルや、子どもが興味をもち、自ら好んで手に取る絵本について伝えましょう。保護者が絵本を選ぶときの参考にもなります。

0 歳児
絵本を読むときの様子を伝える

保育の日常において絵本を読むときは、膝のうえで子どもを抱いて目線を同じにするよう心がけていることを保護者へ伝えましょう。

1 歳児
絵本やパネルシアターを楽しむ姿をとらえる

耳に届く言葉を何でも吸収し、言葉の発達が著しい時期。保育者自身の言葉遣いも正しく美しくありたいですね。読み聞かせに集中する表情をとらえます。

2 歳児
集中力の発達を感じとる

子どもたちが絵本の世界を想像し、キャラクターになりきったり、本の知識を友だちに話したりする様子を具体的なエピソードとともに書きましょう。

0歳児

絵本の白い犬が大好きです。

絵本に出てきた白い犬を触ろうと一生懸命に本に手を伸ばしていました。うさぎやねこも出てきますが、白い犬にだけ反応しています。ぜひ、ご家庭でも読んでくださいね。

今日は3人の友だちと一緒に絵本を読みました。

なるべく1対1で絵本を読んでいますが、今日は3人でした。手をたたく場面では、友だちがパチパチする姿をじっと見ていました。○○ちゃんの「パチパチデビュー」が楽しみですね。

1歳児

絵本コーナーが「夏」になりました。

昨日、絵本を入れ替えました。○○ちゃんが新しい絵本に気付き、指さしで「これ！」と保育者に伝えていました。絵本が大好きですね。これからもたくさん絵本に触れていきます。

くり返しの言葉が大好きなんですね。

季節の絵本に加えて、絵本コーナーにくり返しの言葉がある絵本を取りそろえました。○○ちゃんは自分でページをめくりながら次のページへの期待をふくらませていました。

2歳児

大好きな絵本の登場人物になりきりました。

『おおかみと7ひきの子やぎ』が大好きな○○ちゃん。今日は子やぎになってかくれんぼ。保育者が「トントン、お母さんですよ」と言うと「違うよ！おおかみ！」とこたえていました。

乗りもの図鑑を気に入っています。

昼寝前の読み聞かせの時間。○○くんは誰よりも早くやって来て、図鑑を読んでもらうのを待ちます。めくるページに合わせて「救急車」「消防車」…。○○くんは乗りもの博士ですね。

絵本の読み聞かせ・読書

**伝え方の
ポイント**

園では日常的に絵本に親しんでいることを知らせます。子どもが好きな物語の世界を知り、家庭でも会話の中で触れて、話をふくらませてもらえるようにしましょう。

3 歳児
くり返しを楽しみ口ずさむ様子を

物語に入り込むことでの学びを楽しみます。「うんとこしょ、どっこいしょ」など、くり返し出てくるフレーズをおもしろがる姿を具体的に伝えます。

4 歳児
物語の世界を再現して遊ぶ場面を伝える

絵本の主人公になったつもりで身に付けるものを作ったり、友だちとセリフを言い合って笑ったりする姿をとらえます。知恵や工夫が見える様子も伝えます。

5 歳児
幼年童話に夢中になる表情をとらえる

空想の物語など、絵を見なくても頭の中で話をイメージできるようになります。前日の続きを心待ちにし、イメージを持続して没頭する様子をとらえます。

文例

3歳児

目を輝かせて、絵本の世界を体験しています。

絵本の時間を楽しみにしていて、いつも1番前に座りわくわく顔で待っています。とくにくり返しのあるお話が好きで、「やっぱりね」と小さく笑っています。心の世界が広がっていますね。

白雪姫になったつもりで、ごっこ遊びを楽しんでいます。

「これをお食べ」と言って渡されたリンゴをかじってバッタリ倒れるという遊びをしています。白雪姫の気分が味わえるのでしょうね。どんな王子様が現れるか、わくわくしています。

4歳児

こぶたになって、レンガの家を楽しく建設中です。

『3匹のこぶた』を読んだあと、牛乳パックをレンガに見立てて家を作りました。「おおかみが来ても壊れないように」と友だちと力を合わせてテープを貼る姿をほほえましく見ています。

図鑑のバッタのページが気に入り、首ったけです。

捕まえたバッタが「ショウリョウバッタ」だと発見して以来、ほかのバッタについてもくわしく調べ、すっかりバッタ博士になりました。友だちにもうれしそうに情報を伝えています。

5歳児

読めなくなったと知るとブーイングの嵐にびっくり！

前の活動に時間をとられ、降園の時刻が迫ったので、「ごめん、お話の続きは明日ね」と言うと、「えー！」と大ブーイング。それほど楽しみにしていたことが伝わり、うれしく思いました。

紙芝居屋さんになりきって楽しんでいます。

友だちと一緒に好きな紙芝居を選び、交代で読んでお客さんへ見せる遊びを楽しんでいます。始める前には表紙を持って、ほかのクラスへお知らせに出かけています。

0·1·2 歳児　3·4·5 歳児

歌・リズム遊び

伝え方のポイント

わらべ歌・童謡・アニメソングなど、歌を歌ったり聞いたりするのは気持ちが落ち着くもの。園で歌っている歌を保護者と共有し、園と家庭とで楽しみたいですね。

0 歳児
心地よい音楽との関わりを伝える

泣いているときに抱っこしながらわらべ歌を歌うと、子どももまわりも落ち着きます。子どもを安心させ、楽しませる、音楽との関わりを伝えましょう。

1 歳児
少しずつ歌えるようになる成長を

歌う楽しさを体得する時期で、気に入ったフレーズや最後の1節を歌います。簡単な振り付けもまねできるので、日々の様子を具体的に伝えて共有しましょう。

2 歳児
鼻歌など愛らしい姿をキャッチする

友だちや保育者と一緒に歌うことを楽しみ、踊れるようにもなります。生活の中で鼻歌を歌う場面も。細かな成長をしっかりキャッチして伝えましょう。

文例

0歳児

保育者が奏でるキーボードの音に魅せられています。

保育者のキーボードの音色が心地よく、〇〇ちゃんはうとうとすることも。音楽に合わせて体を揺すったり、手のひらをひらひらしたりすると、かわいい寝顔で、すーっと入眠しました。

保育者の振り付けを見てご機嫌で体を動かしました。

『ぶんぶんぶん』の童謡で保育者が歌いながら両手を振ると、まねをして両手を上下に動かしていました。リズム感のよい〇〇ちゃんと一緒に、いろいろな歌を楽しみたいです。

1歳児

「ぼくも歌えるよ」と言っているようです。

歌のフレーズの最後の1節を上手に歌う〇〇くん。子どもの耳は本当に素直で、そのままをまねるので、保育者もとくに語尾の発声に留意しています。〇〇くんは歌が大好きですね。

歌のリズムに合わせてスイングします。

大好きなリズム体操の曲が聞こえてくると、スピーカーの近くまできて上半身を揺らしています。ご家庭でも〇〇の曲をかけてみてください。かわいいスイングをご覧いただけます。

2歳児

ままごとコーナーから〇〇くんの鼻歌が聞こえました。

ままごとでは料理が得意な〇〇くん。お父様のうしろ姿によく似ています。今日は料理しながら鼻歌を歌っていました。お父様のまねでしょうか。今度教えていただけたらうれしいです。

お兄さん、お姉さんの歌と振り付けに夢中です。

誕生会で5歳児による『まつぼっくり』の歌と振り付けを見て、「コロコロコロコロ」のところをまねし、「たべたとさ〜」とくり返しては友だちを楽しませてくれました。

歌・リズム遊び

**伝え方の
ポイント**

生活の中で歌やリズムを子どもが楽しむ様子
をとらえます。大声で歌うことだけでなく、
リズムに乗って体を動かしたり、音楽そのも
のを楽しんだりする様子にも注目しましょう。

3歳児

**リズム遊びを楽しむ
様子を生き生きと**

保育者や友だちとリズムを
共有するのが楽しい時期で
す。タイミングを合わせた
り、同時に動作したりする
ことを喜ぶ姿を、成長とと
もに伝えましょう。

4歳児

**手遊びを積極的に
アレンジして喜ぶ様子を**

気に入った手遊びを友だち
同士で一緒に口ずさむ姿、
替え歌などで自分なりにア
レンジする姿を探し、アイ
デアをほめて伝えましょう。

5歳児

**生活に音楽を
取り入れる様子を**

次に歌いたい曲を相談した
り、誕生会で歌ってほしい
歌を友だちにたずねたりす
る5歳児らしい姿をピック
アップします。CDに耳を
傾ける姿にも注目を。

文例

3歳児

「トン」と「パン」のリズムを楽しんでいます。

「足でトン、両手でパン」のまねっこをする遊びがお気に入り。「トン」「パン」と言いながら、歌のどこに「トン」を入れたらよいかを試しました。うれしそうに体全体で表現しています。

歌が終わらないループでみんなが笑顔に。

馬が出てくる絵本を読んでいた際、「おうまはみんな〜」と〇〇ちゃんが歌い出しました。歌の途中でまた始めのメロディに戻ってしまい、「あれ？終わらない」とみんなで笑い合いました。

4歳児

手遊び『魚がはねて』で上手に変身できました。

体のあちこちに手を当てて、ものを表現する手遊び歌の『魚がはねて』。ヘルメット、サングラスともとの歌詞にはないものを考え出し、友だちに拍手されました。想像力が育っていますね。

トライアングルを「星の音みたい！」と喜んでいました。

カスタネット、鈴などさまざまな打楽器の音を聴き、トライアングルでは「わあ、お星さまの音みたい！」と歓声をあげました。『キラキラ星』の中で演奏することを楽しんでいます。

5歳児

「今月の歌」を相談して決め、指揮者になりました。

『世界中のこどもたちが』の歌が大好きな〇〇ちゃん。指揮者に立候補して選ばれました。割り箸で指揮棒を作り、帰りの会では颯爽と前に出て、みんなをリードしています。

『かえるのうた』の輪唱を楽しんでいます。

グループごとに『かえるのうた』を輪唱したら、どこを歌っているか分からなくなりました。耳をふさいだり、グループの人と頭を寄せ合ったり。歌いきるとピースサインで大喜びでした。

第2章　1日の生活

185

お絵描き

伝え方のポイント

お絵描きは思いのままに表現できる手法の1つです。何を描いたかにこだわらず、手先の発達や、子どもが発信しようとする思いを大切にしながら保護者と共有したいですね。

0歳児

お絵描きをとおして成長する姿を記す

手指が発達し、クレヨンを持てるようになった頃、動かそうとする様子を見落とさず、点々を描くようになったなどの成長を丁寧に伝えましょう。

1歳児

楽しく描く姿を伝え、家庭で役立つ助言を

なぐり描きが中心の時期です。机にはシートや新聞紙を敷き、大きめの画用紙に伸び伸びと描けるように配慮して、画材に親しむ姿を記しましょう。

2歳児

絵に向き合う姿をつぶさに伝える

大人には判別がむずかしくても、子どもは描いたものを「ママ」「くるま」と知らせます。子どもの思いをしっかり受けとめて、何を描いたか伝えましょう。

文例

0歳児

作品を保育室にディスプレイしました。

手が小さく、握る力がまだ弱いので、太さに配慮した持ちやすい形のクレヨンを使って、画用紙に絵を描きました。保育室にメモリアルアート第1号を飾りました。ご覧ください。

クレヨンに興味をもち、口に運んで確かめようとします。

〇〇ちゃんはすっかりクレヨンがお気に入りの様子。そばで見守ると、何かを描いてはクレヨンを口へ運ぼうとする仕草が見られます。丁寧に対応しますので、ご安心ください。

1歳児

〇〇くんが描いた線のうえを汽車が走りました。

クレヨンで線を描きました。保育者が「上手」と言うと、うれしそうにもっと描きました。その姿を見た友だちが、画用紙の線のうえで汽車を走らせ、2人とも大満足の様子でした。

楽しそうに絵の具を手のひらにぬりました。

今日は絵の具で遊びました。なめらかな感覚が楽しいようで、そのうち絵の具を手にぬり始めました。誕生児の手形を取る姿を見ていたんですね。来月は〇〇くんの誕生日。楽しみです。

2歳児

『鬼のパンツ』の歌を歌いながら模様を描きました。

友だちがクレヨンで『鬼のパンツ』を歌いながらパンツの絵を描くと、〇〇くんもクレヨンを手に取り、一緒に歌いながらパンツに模様を描きました。カラフルなパンツの完成です。

「お母さんの顔」を描きました。

大きな丸を描けるようになった〇〇くん。丸の中には点が2つ。大好きなお母様の顔を描いたそうです。保育室に飾ってありますので、ぜひならんで写真に収めてください。

お絵描き

伝え方の ポイント

描きたいときに描けるよう、画用紙や画材を置いたコーナーがある園も少なくありません。子どもが自分から描きたい意欲があって取り組んでいることを知らせます。

3 歳児
描くことの楽しさや表現力の成長を記す

手を動かしたとおりに線が残るおもしろさを味わう時期。描いたものが「何に見えるか」の見立てを楽しんだり、目を付けて擬人化したりする姿も伝えます。

4 歳児
絵に込めた気持ちを保護者と共有

絵の中にストーリーが出てきます。子どものつぶやきをとらえ、絵に込めた思いを伝えたいものです。友だちとの会話も書き留めておくと、リアルに記せます。

5 歳児
観察力が増して真剣に取り組む姿を伝える

生きものや食べものなど、色や形をよく見て本物らしく描きたいという意欲をもちます。じっくりと観察して取り組む姿を伝えましょう。

3歳児

赤いクレヨンを握りしめて大胆に描く画伯です。

赤がお気に入りで、画用紙いっぱいに赤い線を描きました。「わあ、元気が爆発しているね」と言うと、「うん、ぼくの元気のかたまり」とうれしそうにまた描き足していました。

野菜スタンプで「タイヤの国」を作りました。

レンコンのスタンプが気に入り、緑やオレンジの絵の具を付けてペタペタ。「車のタイヤみたい」と喜び、立派に見える1つを「タイヤの王様」にしました。没頭して楽しみました。

4歳児

人の感情を絵の中で豊かに表現しています。

にっこり笑う人らしきものを描いて、「これ、ママ」と教えてくれたので、「うれしそうに笑っているね」と言うと、「パパの給料があがったから」と。子どもは素直に表現しますね。

フィンガーペインティングで虹を描きました。

はじめは手が汚れるからとためらっていましたが、友だちがぬるのを見て、恐る恐る指に絵の具を。2本指で描いた黄色の曲線が虹に見えたのでいろいろな色で線を重ねていました。

5歳児

自分の顔を鏡でじっくり眺めて丁寧に描いています。

鏡を見ながら自分の顔を描きました。眉毛をよく観察して「目より長い！右と左がちょっと違う！」と発見。納得がいくまでクレヨンを動かしていました。できあがりが楽しみです。

作りたいものを自分で調べて描こうと取り組んでいます。

すもうの行司になったので、本物らしい軍配を作ろうと、図鑑を見ながら描き始めました。「ひょうたんみたいな形がむずかしいんだよ」と言いながら、よく見て慎重に作っています。

1日の生活

集団遊び

**伝え方の
ポイント**

友だちと仲良く遊べているのか、保護者は気にかけています。0歳児は集団で遊ぶことはまだありませんが、1歳後半頃からの子どもたちの関わりに注目しましょう。

1 歳児

共通の遊具や道具で友だちと遊ぶ様子を

ちぎった新聞紙を「雪」に見立てて遊ぶ姿やボール遊びなど、共通の遊具や道具を使用して遊ぶ姿を伝えましょう。簡単なルールも理解し始めます。

2 歳児

ルールを守りながら遊ぶ姿を伝える

保育者や友だちと一緒に、同じ遊びをする楽しさを覚えていく頃です。ルールを守ることで1つの遊びを共有できるようになった成長を記します。

文例

1
歳児

園庭にできた水たまりは2人のオアシスとなりました。

雨あがりのお楽しみの1つ、園庭の水たまりで△△くんが遊ぶ姿を見た〇〇くん。一目散で園庭へ。2人で「キャーキャー」と声を出して楽しんでいました。

「友だちと一緒」を楽しんでいます。

砂場でクッキングを楽しみました。友だちが「〇〇ちゃん、ケーキどうぞ」と言うと、うれしそうに受け取っていました。友だちと一緒に遊ぼうという気持ちをもち始めています。

「GO！GO！GO！」と片手をあげて笑顔でした。

〇〇ちゃんは年上の子たちが行う体操のまねが大好き。今日も「GO！GO！GO!」のかけ声とともに、手をグーにして満面の笑みを浮かべていました。ご家庭でも歌ってみてください。

2
歳児

明日の遠足、晴れるとよいですね。

果物ネットにティッシュを詰めて作った、たくさんのてるてる坊主を投げて遊びました。当たっても痛くないので雨の日の遊びに最適です。〇〇ちゃんも、明日の遠足の晴れを願っていました。

友だちを応援する声が響き渡りました。

運動会へ向けてリレーごっこを楽しむ5歳児の姿を見て、△△組の子どもたちも園庭を走り回っています。〇〇ちゃんは一緒に走る友だちに「がんばれ！」とエールを送っていました。

みんなで力を合わせて担任の先生を運びました。

『あぶくたった』のわらべ歌で、担任が鬼役になりました。鬼役を戸棚にしまう場面で〇〇ちゃんが「先生、重いー」と言うと、みんなが大笑い。みんなの共感を得られて、とてもうれしそうでした。

第2章

1日の生活

伝え方のポイント

ルールを理解し、みんなで遊ぶことを楽しんでいる様子をとらえます。相手の気持ちに気付く場面などにも成長を感じられるでしょう。

3歳児　ルールを少しずつ受け入れる姿を

みんなで一緒に遊ぶ楽しさを味わう反面、いやな状況を引き受けなければならないことも。友だちのふるまいを見ながら徐々に慣れていく姿をとらえましょう。

4歳児　友だちとの関わりの中で育つ様子を

友だちと競う場面も度々あるでしょう。勝ったり負けたりするからゲームは楽しいということを、経験を重ねながら知っていく姿を見つけて伝えましょう。

5歳児　葛藤しながら乗り越えて成長していく様子を

理不尽な思いを経験しながらも、自分に今できることは何かを考えて行動する場面を記します。思いどおりになることばかりではない人生を学んでいます。

文例

3
歳児

鬼になって追いかける楽しさを知り、全力で走ります。

はじめは鬼ごっこで捕まると泣いていましたが、保育者と一緒に鬼になり、手をつないでみんなを追いかけると、おもしろくなった様子。「3人つかまえる！」と意欲的です。

『おおかみと7匹の子やぎ』ごっこを楽しんでいます。

「おおかみさん、今何時？」と問いかけ、「夜中の12時」と言われると「キャー」と叫んで逃げるスリルを味わっています。友だちと声を合わせて問うのも楽しく、大きな声を出しています。

4
歳児

名前を呼ばれるとうれしそうです。

花いちもんめで「〇〇ちゃんがほしい」と言われて自分に注目が集まると、とてもうれしそうにピョンピョンとジャンプして出てきました。みんなに認められている喜びを感じています。

自分の心をコントロールする力が身に付いています。

椅子取りゲームをした際、2人で同時に座り、ジャンケンで決着をつけることに。その結果、負けてしまい大粒の涙。でもグッとこらえて応援席へ行きました。自制心の育ちを感じました。

5
歳児

自分の気持ちを怒らずに友だちに伝えられました。

張りきっていたリレーで、〇〇くんのチームが負けました。抜かされた途端に歩いてしまった友だちに「最後まで走ってほしい」と真剣な顔で話し、怒らずに言えた姿は立派でした。

気持ちを切り替えて、外野も楽しめるようになりました。

ドッヂボールでは逃げるのがうまく、上手にボールをかわしています。当たると残念そうにしながらも、気持ちを切り替えて外野でボールを投げるポジションを楽しんでいる姿があります。

第2章

1日の生活

行事

誕生会

伝え方の ポイント

子どもにとって、そして保護者にとっても大切な記念日。誕生日当日は「お誕生日おめでとうございます」と顔を合わせた全職員から伝えられるとよいですね。

0 歳児
誕生会の内容を事前に伝える

はじめての誕生会は事前に流れを伝えましょう。保護者は見とおしをもつことができ、楽しみに登園できます。当日の様子はお迎え時にくわしく伝えます。

1 歳児
子どもの新鮮な反応に注目

0歳児よりも「サプライズ」への反応が豊かになる時期。ふだんとは違う新鮮な感動をとらえて、ありのままの事実を温かなまなざしで保護者に伝えます。

2 歳児
保護者を招待する場合は終了後を紹介

園によって誕生会の内容はさまざま。保護者を招待する場合は、会終了後の様子を、子どもと保育者だけで実施する場合は全体の様子を丁寧に伝えましょう。

文例

0歳児

名前を呼ばれると手をあげてお返事しました。

誕生会では前に出て保育者のひざに座りました。今日は特等席です。園長先生から名前を呼ばれると、うれしそうに手をあげてお返事をし、フェルトのブローチをもらいました。

担任の先生が大好きなんですね。

プレゼントにバッジをもらった〇〇くん。うれしそうに手にしたものの、渡したのが園長先生と気付き、泣きそうに。担任が渡し直すとご機嫌でした。信頼関係が育まれています。

1歳児

今日はずっとソワソワの〇〇ちゃんでした。

明日は待ちに待った誕生日ですね。絵の具を手にぬって手形をとるときから楽しみにしていました。誕生会の様子をお伝えしますので、楽しみにしてください。

誕生日前日のプレパーティーのようでした。

砂場でバケツいっぱいに砂を入れました。保育者が逆さにすると大きなケーキに！手をたたいて大喜びです。玄関に写真を飾ったのでぜひご覧ください。明日の誕生会も楽しみですね。

2歳児

保育者による「ピーターパン劇場」を見ました。

プロジェクターを使用したピーターパンの劇を行いました。誕生会の主役の〇〇くんは、ティンカーベルから魔法の粉をかけられて…。風呂敷のマントを着けて、飛ぶまねをしました。

ご家庭での誕生会の様子を教えてくれました。

昨日はご家庭で誕生会をされたんですね。3歳になったから、「3回、高い高いをした」とうれしそうに話していました。素敵なエピソードですね。お誕生日おめでとうございます。

0・1・2 歳児　　**3・4・5** 歳児

誕生会

伝え方の ポイント

1年に1度、園で主役になれる大切な日です。喜びの様子やそれをきっかけに成長した姿など、お祝いの言葉を添えて伝えましょう。

3 歳児 誕生日を迎える喜びの姿を前面に

誕生日の意味を知り、楽しみにするというのは大きな成長です。1つ大きくなるうれしさから、さまざまなものに対しての意欲がうまれる様子もとらえましょう。

4 歳児 特別な日のもてなしを十分に味わう姿を

誕生日を迎える友だちをうらやましそうに見つめていた子も、いよいよ「自分の番」に。1年に1度のスペシャルデーを楽しく過ごす様子を記しましょう。

5 歳児 経験から学びりりしく成長する姿を

誕生会の司会やインタビュー、出しものの相談なども経験するように。さまざまな取り組みでの活躍も取りあげ、身に付けた力について書くのもよいでしょう。

文例

3歳児

4本指を顔の前に出して満面の笑みでした。

4歳になったことがうれしくて、会う人ごとに4本指を見せて、「4歳」と知らせていました。「おめでとう」と言われてはにかむ笑顔がキュート！4歳、おめでとうございます！

誕生会の歌に合わせて、喜びを体で表現しました。

『たんたん誕生会』の歌をみんなが歌い始めると、うれしくてピョンピョン跳びはねて踊っていました。首からかけてもらったお祝いのメダルも揺れて、とてもかわいい舞いでした。

4歳児

みんなに「おめでとう」と言われてうれしそうでした。

朝、誕生日の人だけが付ける赤い花を見て、たくさんの人に「今日、誕生日？」「おめでとう」と声をかけられました。「ありがとう」とこたえ、ウキウキした気分で1日を過ごしました。

かんむりをかぶってステージに立ちました。

誕生会で、キラキラしたかんむりを頭にのせ、名前を呼ばれるとステージ上の椅子から立ちあがり「はい」と元気にこたえました。友だちが手を振ると輝く笑顔で振り返っていました。

5歳児

みんなの前で堂々と、将来の夢について語りました。

誕生会の質問コーナーで「大きくなったら何になりたい？」と問われ、「宇宙飛行士になって、スペースシャトルで実験をします」と話していました。宇宙への興味が高まっています。

誕生日に過去を振り返ってしみじみと。

「もう片手じゃダメなんだよね」とパーと1の指を見せ、6歳になったことを教えてくれました。「5歳のときは、まだおねしょしてた」と耳元でこっそり。大きく成長されましたね。

第2章

行事

197

行事

運動会前～運動会後

伝え方のポイント

運動会へ向けての活動を丁寧に伝えます。当日までの活動過程を保護者に伝えることで成長を共有できるとともに、当日の期待や感動も増すでしょう。

0歳児
音楽に興味をもつ姿を伝える

0歳児は自由参加や親子競技への参加など、園によって異なりますが、お兄さん、お姉さんが活躍する姿を見て、楽しんでいる様子を伝えましょう。

1歳児
屋外で体を動かして楽しんでいる様子を

運動会をきっかけに、戸外遊具を活用して遊びの幅が広がったり、友だちと同じことをして喜んだりする姿を伝え、成長を共有しましょう。

2歳児
精神面での成長を受けとめて伝える

親子競技などに興味をもち、「もっとやってみたい」といった、自分の気持ちを表現できる時期。運動遊びを意欲的に楽しむ様子を伝えましょう。

0歳児

運動会の雰囲気を楽しみ、大満足の様子でした。

運動会の予行練習に興味津々。5歳児のパラバルーンをまねて手足を動かして楽しんでいました。ただ今、イメージトレーニング中です。披露してくれる日が楽しみですね。

△△組さんの応援はパワーの源です。

園庭からダンスの音楽が聞こえてくると気になる様子。テラスへ出て観客になり、応援をしました。応援されるとお兄さんやお姉さんもやる気がアップするようです。

1歳児

保護者の方の応援のおかげです。

運動会ではマットのお山をぐんぐん乗り越えていましたね。今日までのエピソードを振り返りながら、○○ちゃんのがんばりと、保護者の方の応援に胸がいっぱいになりました。

「よーいドン」のかけ声が大好きです。

「よーいドン」の声のリズムが気に入った様子。走り出すまで何度も担任が「よーいドン」と言うので、うれしそうにその場から動かない○○くん。園庭が穏やかな空気に包まれました。

2歳児

楽しく参加できるプログラムに変更しました。

ダンスの練習が苦手な○○くん。そこでプログラムの順番を変更しました。大好きなかけっこで自信をつけ、そのままダンスへ。ノリノリで踊っていました。当日が楽しみです。

バギーレース大流行！ なりきり遊びを楽しんでいます。

運動会後は、年齢を問わずいろいろな競技を楽しんでいます。1歳児の親子バギーレースが人気で、子ども役がバギーに乗り、保護者役は対面で「こっち！」と手をたたいて呼び寄せます。

運動会前～運動会後

伝え方のポイント

運動会への取り組みにより、子どもは大きく成長します。運動面だけでなく、人との関わり、目的意識などにも着目しましょう。

3歳児 力いっぱい取り組むほほえましい姿を

体を動かす遊びを毎日楽しむことで、心身は健やかに成長します。当日に何かあっても、それを温かく受けとめ、発達に必要な経験だととらえて伝えましょう。

4歳児 1つ1つの挑戦を大切に受けとめて伝える

平均台、けんけんぱ、パラバルーンなど、新しい動きや遊びにトライし、だんだん上手になっていく喜びを見つめます。あきらめずにチャレンジする力も。

5歳児 どんな運動会にしたいか相談する様子を

やりたい種目を出し合い、内容も考えます。マイク係、運搬係、誘導係など、必要な仕事もイメージ。力を合わせて取り組む様子を取りあげましょう。

3歳児

力いっぱい走る気持ちよさを感じています。

「よーいドン」の声を聞き、ゴールの旗に向かって全力で走ります。「汗が出た」「気持ちよい」と爽快感を感じています。身のこなし方も少しずつしなやかになり、転ぶ回数も減りました。

大勢の人を前にして、びっくりしてしまったのですね。

前日までは楽しく玉入れできたのですが、当日の保護者席の人波を見て身がすくんでしまったようですね。環境の違いを敏感にキャッチしている姿で、これも成長の1つです。

4歳児

踊ることが楽しくてたまらないようです。

リズムに乗り、楽しくダンスしています。「上、上、下、下だよ」と友だちに教えていました。「最後に好きなポーズをしようよ」とアイデアを出し、みんなに受け入れられました。

親子種目の「さいころでゴー！」が楽しく継続中です。

さいころの出た目の乗りものでお母様と移動した競技が楽しかったようで、今日も友だちとやりました。「おんぶ」が出ると、ヒーヒー言いながら友だちをおんぶして笑い合っています。

5歳児

鉄棒を提案し、みんなに受け入れられました。

障害物競争でならべる運動用具を相談した際、「鉄棒もやろう」と意見を述べていました。自分の好きな回り方でOKとのこと。今、鉄棒がちょっとしたブームになっています。

「誓いの言葉」の代表としてはりきっています。

係を決める際にマイク係と迷っていましたが、自分で「誓いの言葉」を言う係に立候補。「力いっぱい運動することを誓います」と、園庭で右手をあげて練習する姿が頼もしいです。

行事

発表会前～発表会後

伝え方の ポイント

本番を迎えるまでのほほえましいエピソード をたくさん伝えましょう。また、1歳児、2 歳児が友だちと演じる喜びを体得しながら作 りあげた過程を共有しましょう。

0 歳児

はじめての舞台を 味わった様子を伝える

発表会というはじめての舞 台。ふだんの遊びの様子も 伝えつつ、名前を呼ばれて 手をあげる姿など、思い出 に残る1日となることへの 期待をふくらませましょう。

1 歳児

発表会は遊びの 延長線上にあることを

発表会へ向けて、無理に練 習をさせられているのでは ないかと心配される保護者 も。遊びの一環として行っ ていることを伝えましょう。

2 歳児

発表会をとおしての 成長を

発表の内容が豊かになりま す。1年前と比べてどのよ うに成長したかに着目し、 それぞれの場面でのねらい を伝えます。

文例

0歳児

ピアノの音色に合わせてリズムをとっています。

ピアノの音が聞こえると手足を動かしたり、手を「パチパチ」したり、体でリズムを感じている様子が見られます。△△組の9人のかわいい子どもたちが舞台へあがる姿をお楽しみに。

お客さんの数にびっくりの初舞台でしたね。

発表会当日はたくさんのお客様がいて驚いた様子の子どもたちでしたが、立派に初舞台をふみましたね。温かく見守っていただき、感謝の気持ちでいっぱいです。

1歳児

元気に「コロコロ」と歌います。

発表会では『どんぐりコロコロ』を歌います。今日は散歩で拾ってきたたくさんのどんぐりをマラカスにして振りながら、「コロコロ」と歌いました。当日が楽しみです。

笑顔でマラカスを振っていましたね。

歌に合わせて小さな手で、マラカスを楽しく振る〇〇くんの様子をおじい様が目に涙を浮かべて見ているお姿を拝見し、担任ももらい泣きでした。〇〇くん、かっこよかったですね。

2歳児

立派にお返事ができて、感動しました。

1歳のときは舞台上で緊張し、涙を見せていた〇〇ちゃん。今日は堂々と返事をすることができ、素晴らしかったです。がんばりましたね。ご家庭でもたくさんほめてあげてくださいね。

役になりきって遊ぶ姿がほほえましいです。

〇〇くんたちと担任は、屋外遊びでも劇での役になりきって、鬼ごっこを楽しんでいます。役にぴったりな台詞が、自然と飛び出すかもしれません。本番が楽しみですね。

| 行事 | 発表会前～発表会後 |

伝え方の
ポイント

劇や合唱をとおして、なりたいものになる楽しさや、友だちと一緒に発表する姿をとらえます。また、衣装や舞台を作る計画など、事前の準備の様子も伝えましょう。

3 歳児

**別のキャラクターに
変身する楽しさを**

イメージの世界と現実の世界を自由に行き来する子どもたち。自分以外のものになりきる楽しさを感じている様子を伝えましょう。

4 歳児

**見る楽しさ、見られる
喜びを味わっている様子を**

ほかのクラスの劇遊びを見てわくわくしたり、自分たちを見にくるお客さんを意識したり、さまざまな経験を重ねています。思いや経験を記しましょう。

5 歳児

**友だちと相談して
作りあげる姿を**

なりたい役を自分たちで決めたり、グループで動きや衣装などを考えたりします。友だちとの関わり合いの中で、どのようなやり取りがあったかを追いましょう。

3 歳児

大きな魚が来ると「キャー」と叫んで隠れます。

魚の劇の練習後も、小魚のむれになっています。担任の演じる大きな魚が近付くと、急いでピアノの下に隠れる様子がかわいらしかったです。すっかり役になりきっています。

たくさんのビデオカメラに張りきっていました。

発表会当日は客席に大勢の人とビデオカメラがずらりとならんでいたので興奮した様子。いつも以上に大きな声を出し、動きも5割増しの大サービスぶりでした。

4 歳児

「がらがらどん」になって、橋を上手に渡っています。

「誰だ〜！」というトロルの怖い声を受けて、「小さいやぎのがらがらどんです」とわざと震える声でセリフを言って、細い橋を渡ることを楽しんでいます。お面も自分で作りました。

5歳児さんの劇に憧れています。

発表会で見たピーターパンのフック船長に魅了された〇〇くん。5歳児クラスに置いてある船長の帽子をかぶらせてもらい大喜び。「ピーターパンを捕らえろ」とセリフも楽しんでいました。

5 歳児

忍者らしい言葉遣いを考えて話そうとしています。

発表会で披露する、忍者の歌とダンスに夢中！友だちと相談して「拙者は〜」「〜でござる」など、なりきった言葉遣いで会話をしています。小さな忍者たちの活躍にご期待ください。

友だちが忘れたセリフをフォローしました。

友だちが演じる乙姫のセリフが出てこなかったとき、ひらめ役の〇〇ちゃんはスイスイと泳いで近付き、出だしの言葉をコソッと教えました。ナイスフォローに感心しました。

行事　進級

伝え方のポイント

進級すると新しい保育室での生活が始まります。担任が変わるなど、さまざまな環境の変化を安心して受けとめられるよう、丁寧に言葉をかけましょう。

0歳児
1人1人の成長を振り返り、次の担任へ

0歳児の1年間の成長はとても大きいもの。発達の状況や配慮点などを次の担任に引き継いでいることを伝え、進級へ期待がもてるようにしましょう。

1歳児
1年間の成長を共有し、進級を心待ちに

立つ、歩く、言葉でのコミュニケーションなど、多くのエピソードを保護者と共有した1年間。一緒に過ごしたことへ感謝の気持ちを伝えます。

2歳児
しっかりと引き継ぎを

乳児クラスから幼児クラスへ、物的・人的環境の変化に保護者が不安になる点も多いでしょう。進級後の担任と情報を共有することを伝えましょう。

文例

0歳児

お気に入りのおもちゃに出会えました。

1歳児の保育室にある「動物パズル」に夢中です。担任と一緒に入室したので、安心して遊んでいました。自分のクラスへ戻るとき、お気に入りの「動物パズル」を借りてきました。

いろいろな先生ともコミュニケーションをとっています。

いつも担任のそばにいた〇〇ちゃん。今日は砂場で別の先生とも砂でケーキを作って遊んでいました。今後も進級へ向けてさまざまな大人と触れ合う機会を設けたいと思います。

1歳児

すてきなエピソードがたくさんありました。

登降園のときに、〇〇ちゃんの園でのほほえましいエピソードをお伝えしました。〇〇ちゃんの成長を共有できる素敵な時間を、ありがとうございました。

たくさんの成長を共有できた1年でした。

「おしっこ」と教えてくれたとき、自分でシャツを着たとき、三輪車に乗ったとき。いろいろな成長のあった1年間でした。進級後も同じ屋根の下で見守ってまいります。

2歳児

幼児クラスで思いきり遊びました。

進級へ向けて幼児クラスで遊んでいます。新しいおもちゃにわくわくがいっぱい。お兄さん、お姉さんにやさしくしてもらって大満足。安心感を大切にしながら、期待をふくらませています。

名札で「年長さん体験」をしました。

幼児クラスへの期待がふくらむ〇〇くん。お兄さん、お姉さんが付けている名札に憧れています。5歳児さんが「かしてあげる」と言って自分の名札をはずして付けてくれ、うれしそうでした。

行事

進級

伝え方のポイント

1年間の育ちを見据え、成長を感じる点を子どもの具体的な姿で伝えます。保護者に協力していただいたことについてはお礼を述べましょう。

3 歳児

できることが増える喜びを伝える

4月と比べ、めざましい成長があったことでしょう。喜びとともにその様子を記します。生活習慣や友だちとの関わり、言葉の使い方など、丁寧に伝えましょう。

4 歳児

もうすぐ5歳児になる喜びと自信を伝える

もうすぐ園で1番のお兄さん、お姉さんになるうれしさを、共有しましょう。子どもたちは顔付きもりりしくなり、行動にも自信がみなぎっているはずです。

5 歳児

見とおしをもって生活する様子をくわしく

小学生になることを意識し、やるべきこととやりたいことを洗い出し、1日1日を大切に過ごしていることが伝わるようにします。思いや成長もプラスして。

3歳児

衣服の着脱が自分でできるようになりました。

「できない、やって」と服を保育者のところへ持ってくることが減り、自分でボタンを留められるようになりました。裏返ったズボンも、手を入れて戻してからたたんでいます。

大勢の友だちと関わる遊びを楽しんでいます。

幼なじみと2人だけで遊んでいた春と比べると、今ではたくさんの友だちと関われるようになりました。友だちのよさを知り、みんなで遊ぶとより楽しいことを実感しています。

4歳児

苦手だった片付けが、名人級に上手になりました。

片付けの時間になると、気が進まず隠れることがありました。最近は自信たっぷりに同じ種類の道具を集め、「片付け名人」と呼ばれることも。スッキリする気持ちよさを味わっています。

これまでなかった道具を使って遊んでいます。

体育室に今まで使ったことのない積木を見つけて大喜び。友だちとロケットや飛行機を作り、操縦することを楽しんでいます。わたしもときどき乗せてもらい、旅行しています。

5歳児

憧れの5歳児クラスになり、係活動に取り組んでいます。

園のお姉さんとしてウサギ当番の仕事を任され、包丁を上手に使いキャベツを切りました。左手を猫の手にして注意深く切り、「うさぴょん、ごはんだよ」と小屋の中へ入れています。

「3、4歳児さんを楽しませたい」という思いがあります。

みんなで力を合わせて輪投げやボーリングのコーナーを作り、小さい子たちを招待しました。喜んで遊ぶ姿を見て大満足の様子。さすがのお兄さんぶりでした。

行事	転園

伝え方のポイント

転園前の面談で保護者とじっくり話し合い、情報を共有しましょう。環境が変わることで保護者の不安が大きくなるため、受けとめる配慮を。

0歳児

前の園での生活の流れを丁寧に聞き取る

使用していた乳首・ミルクなどをしっかりと把握し、環境の変化を最小限におさえられるよう保護者と子どものそれぞれに配慮し、確認していきましょう。

1歳児

保護者の不安に寄り添う

転園をきっかけに、持ちものや準備物などの違いに保護者が戸惑うことも考えられます。少しずつ慣れていけるよう歩調を合わせて対応しましょう。

2歳児

新しい友だちとの出会いを大切に

友だちもおもちゃも「はじめて」がいっぱいです。保護者も子どもも安心でき、「はじめて」を楽しめるよう、積極的にコミュニケーションをとりましょう。

0歳児

○○先生の腕の中でスヤスヤと入眠しました。

転園後、はじめての抱っこは○○先生。フワフワのベッドのようだったのでしょうか。気持ちよさそうに眠っていました。しばらくの間、○○先生が早番でおりますので、ご安心ください。

乳児クラスの送迎は、保育室までお越しください。

当園の送迎は、乳児クラスのみ保育室での対応をさせていただいております。入室の際は手洗いまたは手指消毒、および検温のご協力をお願いいたします。

1歳児

1日の生活の流れを分かりやすくまとめました。

転園の面談で大まかな流れはお伝えしておりますが、お母様から伺ったことを参考に、○○ちゃんに寄り添った1日のリズムの流れをまとめましたので、下記をご覧ください。

今朝はご心配されたことと思います。

転園して2週間、少しずつ慣れてきたと思ったところで泣いてしまい、今朝はご心配だったでしょう。あれからすぐ落ち着き、園長先生と砂場で大きな山を作り、楽しんでいました。

2歳児

手洗いの習慣がしっかりと身に付いていますね。

屋外遊びから戻ると、誰よりも先に手を洗い始めました。あとから友だちが手を洗いに来ると、うれしそうに「かめさんかめさん」と歌っていました。楽しみながら、手洗いができています。

木製線路が大好きなようです。

お母様から伺ったとおり、前園と同じ線路のおもちゃで遊んでいます。今日は友だちも一緒に遊びました。またお気付きのことがございましたら、いつでもお知らせください。

行事　転園

**伝え方の
ポイント**

転入したあとは、新しいクラスにうまくなじめているかが保護者の最大の関心事。安心できる場や関わる人が少しずつ増えていく様子を伝えましょう。

3 歳児
安心できる人やものや場を具体的に

見知らぬ園へポンと送り出された子どもが、何を心の拠りどころとしているのか、具体的な描写で伝えます。保育者の思いも添えるとよいでしょう。

4 歳児
初日の姿を肯定的にとらえて書く

転園で緊張するのは自然なことです。1日をどう過ごしたか、どのように一歩を踏み出すかをありのままに記します。温かなまなざしが伝わるようにしましょう。

5 歳児
子どもが新しい園を受け入れる過程を

5歳児からの編入は、すでに人間関係ができているところへ飛び込むことになるので、本人もとまどいがち。それをどう乗り越えたかを記しましょう。

文例

3 歳児

担任と一緒に園を探検しました。

担任に親しみを抱き、行くところへどこへでも付いてきてくれます。いろいろな人に「よろしくね」と声をかけられ、照れながらもうれしそうです。園内を探検して世界を広げています。

ソフトブロックでピストル作りをしました。

ソフトブロックでピストルを作るのがお気に入り。作ったピストルを持っていろいろなところを歩き回っています。同じブロックで遊ぶ友だちと、心の通い合いも感じています。

4 歳児

「助けてほしい」と自分から声をかけることができました。

「困ったことがあったら先生を呼んでね」と伝えたところ、トイレに行きたくなった際に声をかけられました。自分から働きかけてくれたことをうれしく思います。全力でサポートします。

友だちとのスムーズな関わりで、好印象です。

「名前は？」と友だちにたずねられると元気にこたえました。友だちのやることをまねしながら徐々に園生活に慣れています。「ありがとう」と言えるので、みんなに好感をもたれています。

5 歳児

前の園との違いを楽しんでいます。

前の園とのやり方の違いなどを教えてくれます。体験したことと比べながら、新しいルールを身に付けています。驚くことも多いようで、目を輝かせて積極的に取り組んでいます。

特技を生かし、友達に注目されています。

〇〇ちゃんは鉄棒が得意なのですね。逆あがりを連続でする姿を見て、ほかの子どもたちはびっくり！「すごい！」「どうやるの？」と教えてほしい子が集まっていました。

感染症と連絡帳

乳幼児は感染症に対する抵抗力が獲得途上の状態です。また、集団生活をしていると、さまざまな病原体と接触する機会が、どうしても発生してしまうものです。保護者が抱える感染症への不安については、保護者全体へのおたよりと、連絡帳による細かいコミュニケーションを併用して、こたえていきましょう。

園が行っている対策を伝える

感染症対策のためには、園と家庭で子どもの状態を共有することが欠かせません。連絡帳には体温を計った時刻を記録し、鼻水や咳の有無、食欲などを双方でも把握できるようにします。また園での感染状況も隠さず知らせます。園を信頼してもらい、困ったときには相談しようと思ってもらえるよう、連絡帳を適切な情報を知らせるツールとしましょう。

家庭でできる対策を働きかける

子どもの抵抗力を高めるために、体力がつく食事を紹介する、十分な睡眠を呼びかけるなど、それぞれの家庭でできる対策を伝えるのもよいでしょう。また、園では免疫を高めるため、運動的な遊びをさせていることも伝えておきましょう。

感染時の対処法も示しておく

保護者全体へのおたよりで伝えるのはもちろんのこと、不安を抱えている保護者からの質問には、個別に連絡帳でもこたえましょう。感染症にかかったと判明した場合に、どうすればよいかを具体的に伝えること。どのような経過で、回復までにどれくらいかかるかということ、園のほかの子どもの感染から回復までの実際の様子などを具体的に知らせて不安解消につとめましょう。見とおしがもてれば、感染症を過度に恐れることなく、園生活を楽しめるようになります。

保育に役立つ
ポイント集

連絡帳に関する素朴な疑問の解決から、
「こんなときどうすればよい?」といった
具体的な対応策まで、さまざまな知識や
アドバイスを集めたQ&A集です。さらに、
文章表現で困ったときに使えるポイント
も掲載しています。

連絡帳のお悩み解決！Q&A

現役保育者さんから寄せられた、連絡帳に
まつわる質問やお悩みの中から、
「よくある」ものを厳選して紹介します！

Q 連絡帳に書くことと
直接伝えることの判断基準は？

A 子どものけがなどについては、口頭で
伝えることが原則です。

連絡帳ではじめてけがしたことを知るというのでは困ります。マイナスの内容を伝える場合は、基本的に口頭で伝えたほうがよいでしょう。連絡帳に書いたことは、後々まで残ります。表現に引っかかりを感じると、保育者への不信感にもつながってしまいます。

Q 時間がなくて、
思うように書けません…。

A 子どもの年齢や内容に応じて、優先順位
を決めて書くようにしましょう。

0〜2歳児の連絡帳は、毎日書く必要があります。決まった項目を頭に入れておき、いつもそれにそって子どもの様子を観察すれば、短時間で書くことができます。3歳児以上は、毎日書かなくてもよいでしょう。急いで返事をしなければならないものは優先して書きますが、主任や園長に相談しなければならないもの、2・3日後でもよいものなど、上手に分類して対応しましょう。また、書く内容に迷って手がとまってしまったら、次の子どもの分を先に書き、あとであらためて考えるとすんなり書けることもあります。

Q
保護者のタイプによって、気をつけることはありますか？

A
相手がどのような保護者でも、基本的にこちらの姿勢は変わりません。

保護者がほかの保護者に連絡帳を見せたり、あるいは取り間違えが起こったりすることも十分に考えられます。いつ、誰に読まれてもよいような、誤解のない記述が望まれます。また、現在、ひとり親家庭の子どもも多くいますが、連絡帳の記述に関しては、相手が父親であろうと母親であろうと、基本的な方針は変わりません。父親や母親がいないことに同情するような書き方は、失礼に当たります。「お仕事も大変なところ、本当に頭が下がります」というように、ねぎらう書き方を心がけましょう。

Q 保護者が外国人の場合は、
どうしたらよいですか？

A まず、相手がどの程度、日本語を理解
しているのかを把握しましょう。

相手に合わせて、むずかしい漢字を避けたり、敬語を
控えて簡潔に書いたりして、分かりやすい表現を心が
けましょう。また、文章だけでは伝わりにくいので、
送り迎えで顔を合わせた際には、今日の子どもの様子
などを積極的に伝え、コミュニケーションをとりましょ
う。さらに、日本語が書けない保護者については、
健康状態を○△×などのマークで示してもらったり、
機嫌の良し悪しをイラストで描いてもらったりと、ア
イデアを出し合い、
楽しく簡単に書ける
ように工夫するとよ
いでしょう。

Q
育児やプライベートな話が たくさん！どう対応すべき？

A
付き合うのはほどほどに。とくにたくさん 書く必要はありません。

保護者が書いた文字量と同じだけ返事を書かなければと考える保育者もいますが、その必要はありません。ほかの方の連絡帳と同じようなコメントで十分です。ただ、育児に対して熱心な証拠でもあるので、保護者の行為を認める必要もあります。書くことが好きな保護者の場合、交換日記のように、子どもに関係のない話を延々と書いてくることもあります。保育者に心を開いている証でもありますから、角が立たないよう「大変ですね」「楽しそうですね」とまとめてコメントを返すくらいでよいでしょう。

返答しても、同じ悩みを書き 続ける保護者。どうしたらよい？

A

悩みというものは、そう簡単にふっ切れる ものではありません。

ずっと悩みごとが頭の中にあるため、ペンを取るとどうしてもそのことが思い浮かび、また書いてしまうものなのです。保護者のそのつらい気持ちは、理解する必要があります。しかし、すでに返答しているのであれば、何度も同じことを書く必要はありません。「やはり気になりますよね」「ここが、がまんのしどころですね」など、思いに寄り添う一言があれば、保護者は十分満足できます。悩みながら成長している保護者を見守る気持ちで、付き合っていきましょう。

連絡帳に役立つ表現集

連絡帳によく使われる表現や、
間違えやすい言葉遣いについてまとめました。
言い回しに悩んだときに、ぜひご活用ください。

文頭・文末の言葉

感謝
- ●ご連絡ありがとうございます。
- ●ご意見いただき、ありがとうございます。
- ●いつもご協力ありがとうございます。

お詫び
- ●〜のこと、お詫び申しあげます。
- ●ご意向に添えず、申し訳ありません。
- ●こちらの確認不足で、ご迷惑をおかけしました。

相談事
- ●〜のこと、承知いたしました。
- ●それはご心配ですね。
- ●お気持ち、よく分かります。

報告
- ●元気いっぱいで過ごしました。
- ●笑顔がたくさんの〇〇ちゃんでした。
- ●「〇〇」と言っていました。
- ●これからの成長が楽しみですね。

相談事
- ●園でも様子を見ていきますね。
- ●また経過をお知らせいたします。
- ●安心しておまかせください。
- ●ご心配なことがあれば、いつでもご相談ください。

ネガポジ言い換え

落ち着きがない	▶	活発、行動力がある
行動が遅い	▶	慎重、丁寧、慌てない
飽きっぽい	▶	好奇心旺盛、興味の幅が広い
うるさい	▶	元気がある、活発
おとなしい	▶	落ち着きがある、穏やか
優柔不断	▶	慎重、考えてから行動する
こだわりが強い	▶	意思が強い、妥協しない
自分勝手、わがまま	▶	主体性がある、自己主張できる

敬語・謙譲語

了解しました	▶	承知しました
すみません	▶	申し訳ございません
ご苦労様です	▶	お疲れ様です
聞きました	▶	伺いました
来てください	▶	お越しください
よろしかったでしょうか	▶	よろしいでしょうか
お分かりいただけたでしょうか	▶	ご理解いただけたでしょうか
拝見させていただきました	▶	拝見しました

著者　横山洋子（よこやま　ようこ）
千葉経済大学短期大学部こども学科 学科長 教授
富山大学大学院教育学研究科・学校教育専攻修了。国立大学附属幼稚園の教諭、公立小学校2校の教諭を経て、2003年より現職。日本保育学会会員。著書に『保護者対応のコツ』（ユーキャン）、『子育て神フレーズ』（永岡書店）、『生活とあそびから見る「10の姿」まるわかりBOOK』（ナツメ社）ほか多数。

著者　原麻美子（はら　まみこ）
社会福祉法人東京児童協会 研究員
千葉経済大学短期大学部こども学科 非常勤講師
帝京大学八王子キャンパス教育学部初等教育学科こども教育コース 非常勤講師
幼稚園副園長・保育園園長を経て現職。保育に従事しながら教職大学院を修了。日本保育学会・国際幼児教育振興協会会員。保育者養成校と保育の現場をつなぎ、保育者間の協働性を育むメソッドを研究中。著書に『子どもの力が伸びる0歳児の保育12か月』（ナツメ社）、『子どもの力が伸びる1歳児の保育12か月』（ナツメ社）ほか多数。

場面別でよくわかる！ユーキャンの保育 連絡帳の書き方＆文例

2023年3月3日　初版　第一刷発行

著者	横山洋子　原麻美子
編者	ユーキャン学び出版 スマイル保育研究会
発行者	品川泰一
発行所	株式会社 ユーキャン 学び出版 〒151-0053 東京都渋谷区代々木1-11-1 Tel.03-3378-2226
発売元	株式会社自由国民社 〒171-0033 東京都豊島区高田3-10-11 Tel.03-6233-0781（営業部）
印刷・製本	シナノ書籍印刷株式会社

※落丁・乱丁その他不良の品がありましたらお取り替えいたします。お買い求めの書店か自由国民社営業部（Tel.03-6233-0781）へお申し出ください。
©U-CAN, Inc.2023　Printed in Japan
ISBN 978-4-426-61474-4

●カバーデザイン
林偉志夫

●カバー・中面イラスト
中小路ムツヨ

●本文デザイン
井上唯
熊谷昭典

●編集協力
株式会社童夢

●執筆協力
大久保優子

●企画編集
株式会社ユーキャン

正誤などの情報につきましては、下記「ユーキャンの本」ウェブサイトでご覧いただけます。
https://www.u-can.co.jp/book/information